Aloys Henhoefer

Der Kampf des Unglaubens mit Aberglauben und Glauben

Ein Zeichen unserer Zeit

Aloys Henhoefer

Der Kampf des Unglaubens mit Aberglauben und Glauben
Ein Zeichen unserer Zeit

ISBN/EAN: 9783743326033

Hergestellt in Europa, USA, Kanada, Australien, Japan

Cover: Foto ©Thomas Meinert / pixelio.de

Manufactured and distributed by brebook publishing software (www.brebook.com)

Aloys Henhoefer

Der Kampf des Unglaubens mit Aberglauben und Glauben

Der

Kampf des Unglaubens

mit

Aberglauben und Glauben

ein Zeichen unserer Zeit

von

Dr. A. Henhöfer,
Pfarrer zu Spöck.

Heidelberg, 1861.
Universitätsbuchhandlung von Karl Winter.

Einleitung.

Die Zeit, in welcher wir dermalen leben, ist eine sehr ernste Zeit. Es beginnt der lezte große Kampf, der Kampf des Unglaubens mit Aberglauben und Glauben. Der Glaube hatte nämlich von jeher zwei große und mächtige Feinde, mit denen er stets im Kampfe liegen mußte; es war dies der Aberglaube und der Unglaube. Mit dem Aberglauben ging der Kampf immer zuerst an, mit dem Unglauben endete er; im Kleinen fing er an, im Großen endet er. Dieser Kampf geht fort, bis das Königreich Gottes sichtbar auf Erden kommt.

Ehe wir aber diesen Kampf nachweisen, wollen wir zuerst zeigen, was Glaube, Aberglaube und Unglaube ist.

Bei jedem Glauben müssen zwei Stücke beobachtet werden: 1) **Was** geglaubt wird und 2) **Wie** geglaubt wird. Das erste macht den Inhalt, die Lehre, das Glaubensbekenntniß aus; das zweite den Glauben im Menschen, den innerlichen Glauben, den Heilsweg. So beim christlichen Glauben, Aberglauben und Unglauben. Wir sagen mit Fleiß vom christlichen Aberglauben und Unglauben, denn es giebt auch einen heidnischen Aberglauben und Unglauben, von dem aber hier nicht die Rede ist. Der Unterschied von allen dreien liegt in dem Was und Wie. Der Glaube hat das Was und Wie recht, der Aberglaube ist in dem Wie, der Unglaube in dem Was und Wie vom Glauben verschieden. Wir fragen zuerst

Was ist Glaube?

Hier betrachten wir zuerst das W a s, hernach das W i e.

Was das **Was** des Glaubens angeht, so ist solches enthalten in h. Schrift, alten und neuen Testaments, besonders im neuen Testamente; es ist aber auch kurz ausgezogen und zusammengefaßt in dem **allgemein christlichen Glaubensbekenntnisse**, welches die katholische Kirche das **apostolische** nennt. Allgemein heißt es, weil es alle christliche Kirchen und Sekten haben; das a p o st o l i s ch e wird es genannt, weil man annimmt, es sei von den Aposteln selbst gemacht, oder stamme doch aus der ersten apostolischen Zeit. Es besteht aus drei Theilen, aus dem Glauben an Gott, den Vater, den Sohn und den h. Geist.

Der Schwerpunkt, aber auch der Streitpunkt liegt hauptsächlich in dem zweiten Artikel: Ich glaube an Jesum Christum seinen eingebornen Sohn, unsern Herrn ꝛc.

Was nun das Was angeht, so besteht es in folgenden Sätzen:

Jesus Christus, der ewige Sohn Gottes, das Wort, welches im

Anfang war, bei Gott war und Gott war, ist Fleisch oder Mensch geworden, hat die Menschheit, eine reine heilige Menschheit an sich genommen, und mit der Gottheit zu Einer Person vereiniget, nicht nur um die Menschheit durch Gehorsam und Leiden in sich zu heiligen, heraufzuziehen, zu verklären und Gott in ihr zu verklären, Luc. 2, 52, Joh. 12, 31, 32, sondern um nach dem Willen und Liebesrath Gottes und nach selbst eigenem Liebestrieb als das Lamm Gottes alle ihre Sünden auf sich zu nehmen und durch sein im ewigen Geiste oder in heiligster vollkommenster Liebe Gott dargebrachtes Opfer und durch die Vergießung seines Blutes dieselbe zu tilgen, die Vergebung zu erwerben und eine Gerechtigkeit zu Stande zu bringen, die ewig vor Gott gilt.

Christus ist also der Mann für uns, er hat gelitten, was wir hätten leiden, und gethan, was wir hätten thun sollen, er hat es an unserer Statt und Stelle gethan, er ist unser Stellvertreter. Wir haben daher weder Sünden zu büßen, noch den Himmel oder Gottes Gnade zu verdienen, es ist Alles durch Christum geschehen. Er ist der eingestellte, von Gott selbst eingestellte Mann und Vertreter für uns; er ist unser Bürge und Stellvertreter. Christus ist der Knecht Gottes, den Gott uns zuschickte und gab, um uns zu dienen, und die Arbeit zu thun, die wir aus Schwachheit und Krankheit nimmer thun konnten. Wie nun jeder Knecht, was er thut, an der Stelle seines Herrn thut, und für seinen Herrn thut, nicht für seinen eigenen Gewinn; so hat auch Christus Alles, was er that, an unserer Stelle und Statt und für uns, oder für unsern Gewinn und Nutzen gethan. Er hat unsere Sünden getragen, und uns den Himmel verdient. Jes. 43, 24. Wir durften ihm auch für seine Dienstzeit keinen Lohn geben, er that Alles für uns umsonst, und aus Liebe. Den Lohn gab ihm hernach sein Vater, Phil. 2, 5—11. Er ist für uns ins Gericht gegangen. In Christo, diesem Gottes- und Menschensohne, nicht nur dem Judensohne, sondern dem Menschensohne ist die ganze Welt gerichtet, verdammt und gestrafet, in Ihm von Tod und Hölle frei, losgesprochen und gerechtfertigt worden; in Christo, diesem Gottes- und Menschensohne ist eine neue Welt und Menschheit auferstanden, verklärt und verherrlichet, und in Himmel erhoben worden. Das ist der christliche Glaube. Das sagt uns die h. Schrift alten und neuen Testamentes. So spricht der Prophet Jesaias: Fürwahr, er trug unsere Krankheit, und lud auf sich unsere Schmerzen. Wir aber hielten ihn für den, der geplagt, und von Gott geschlagen und gemartert wäre. Aber er ist um unserer Missethat willen verwundet, und um unserer Sünden willen zerschlagen. Die Strafe liegt auf Ihm, auf daß wir Frieden hätten, und durch seine Wunden sind wir geheilet, Js. 53, 4, 5. Jesus selbst sagt: Er gebe sein Leben zur Erlösung für Viele, Matth. 20, 28, und Paulus spricht: Er ist um unserer Sünden willen dahin gegeben, und um unserer Gerechtigkeit willen auferwecket, Röm. 4, 25. Und wieder: So Einer für Alle gestorben ist, so sind sie Alle gestorben. Gott hat den, der von keiner Sünde wußte, für uns zur Sünde gemacht, auf daß wir würden in Ihm die Gerechtigkeit, die vor Gott gilt, 2 Cor. 5, 14, 21. Und Petrus sagt: Christus hat einmal für unsere Sünden gelitten, der Gerechte für die Ungerechten, 1 Petr. 3, 18. Und Johannes spricht: Er ist die Versöhnung für unsere Sünden, nicht allein aber für die unsern, sondern auch für die der ganzen Welt, 1 Joh. 2, 2. Und Paulus spricht: Wir werden ohne Verdienst gerecht aus seiner Gnade durch die Erlösung, so durch Jesum Christum geschehen ist, Röm. 3, 24. Das Wort: Für uns, Christus für uns, ist das Hauptwort des ganzen Christenthums und sollte in allen Haushaltungen und tief in alle Herzen eingeschrieben sein; es ist das Evangelium von Christo, das Heil Gottes zu unserer Seligkeit. Das ist nun das Was des Glaubens, und das Wissen davon ist das christliche Wissen und Bewußtsein.

Was das Wie angeht, oder den Glauben im Innern des Menschen, oder den Weg, wodurch das Was, oder das Evangelium und Heil uns zugetheilt wird, was den Heilsweg des Glaubens, den man auch den biblischen oder evangelischen Heilsweg nennt, angeht, so ist der Glaube zuerst ein Fürwahrhalten obiger Heilswahrheiten, ein Fürwahrhalten des Evangeliums, oder der fröhlichen Botschaft, daß Christus für uns da ist; ein Festhalten an dem Buchstaben dieses Worts, ein unbewegliches Festhalten an demselben; man nennt dies Orthodoxie oder Rechtgläubigkeit, und wenn es nicht mehr ist, auch todter Glaube. Es ist aber der rechte und wahre Glaube noch mehr als dieses, er ist ein Ueberlegen und Bewegen dieses Heils, ein Hineinessen und Genießen der Gnade und des Geistes, der in obigem Evangelium enthalten ist, ein Hineinessen und Genießen hier: der darin enthaltenen und geoffenbarten **Liebe Gottes des Vaters und unseres Herrn Jesu Christi.** Das ist der eigentliche wahre innerliche Glaube, das wahre lebendige Christenthum. Den ersten Glauben, das Wissen und Fürwahrhalten, die Orthodoxie, kann man in der Schule und im Unterricht erlernen, und aus eignen Kräften wirken; der zweite ist Sache des h. Geistes. Beides aber ist nöthig, wenn wir Leben erhalten sollen, wie Holz und Feuer, wenn es brennen soll.

Durch diesen Glauben wird der Mensch mit Christo vereinigt, wie die Rebe mit dem Weinstock, er wird Glied an dem Leibe, wovon Christus das Haupt ist. Was nun an dem Haupte geschehen ist, gilt auch ihm, dem Gliede. Wie jedes Glied, wenn das Haupt einschläft und stirbt, miteinschläft und mitstirbt, und wenn es erwacht und aufsteht, miterwacht und mitaufsteht; so sind auch alle, die durch den Glauben mit Christo vereiniget sind, mit Ihm gestorben und begraben, und mit Ihm auferstanden und in Himmel versetzt; dies Alles vorerst **in Christo durch den Glauben, bis es auch in ihnen aus- und durchgeführet wird durch eben diesen Glauben.** Darauf gründet der Apostel Paulus auch den Beweis, daß ein wahrer Christ nicht in der Sünde beharren könne, indem er ja durch seinen Glauben und seine Taufe als ein Zweig in Christum, den Lebensbaum eingezweigt, mit ihm dem alten Menschen nach gestorben und begraben sei; daß er vielmehr in einem neuen Leben wandeln müsse, indem er mit ihm auch auferstanden sei; ja daß er fortan in einem neuen Leben wandeln müsse, indem Christus vom Tode erweckt, nimmer stirbt, sondern fortan und ewig lebt, darum auch der Christ, als ein Zweig am Lebensbaum fortan und ewig vermöge seines Glaubens und seiner Taufe in einem neuen Leben wandeln müsse, Röm. 6, 1—11, Gal. 2, 19, Col. 2, 13. Darum wird der Mensch auch begnadigt, gerechtfertigt und als Kind Gottes angenommen durch den Glauben. Wie in Christo Alles vollendet ist, so ist auch in ihm Alles vollendet durch den Glauben. Er ist gerecht und heilig in Christo, Röm. 8, 29, 30, 1 Cor. 1, 2, Phil. 1, 1, wird es aber auch zu gleicher Zeit in sich selbst durch den Glauben und wächst der Vollendung, die er fortan in Christo hat, und besitzt, durch Treue entgegen.

Soll aber der Mensch zu diesem Glauben, zu diesem Glauben des Herzens kommen, so ist vor Allem nöthig, daß er das Gesetz und seine Uebertretung, daß er seine äußerlichen und innerlichen Sünden, und das angeborne Verderben, die Augenlust und Fleischeslust und Hoffarth des Lebens erkenne, und dazu die Unmöglichkeit aus eigenen Kräften Gottes Gesetz, wie es sein soll, zu erfüllen; daß er aber auch die Heiligkeit und Gerechtigkeit Gottes kennen lerne, der da spricht: Verflucht sei Jedermann, der nicht bleibt in allem dem, das geschrieben steht in dem Buche des Gesetzes, daß er es thue, Gal. 3, 10. Durch diese Erkenntniß, und durch den h. Geist, wenn er das Herz mittrifft, wird dann das bewirkt, was wir Buße, oder Sinnesänderung nennen; der Mensch steht aber ab von der Sünde, wird arm im Geist, leidtragend, sanft, und nach Gerechtigkeit hungernd und dürstend. Das treibt ihn dann zu Christo, und der h. Geist, der Buße in ihm gewirket hat, wird auch den Glauben in ihm wirken. Vor allem Glauben ist somit Buße nöthig; kein wahrer Glaube ohne Buße. Ein Johannes der Täufer geht Christo voran, Gal. 3, 24, 25.

Wie nun aber das Gesetz in der Buße den Menschen verdammt, so macht das Evangelium durch den Glauben in Christo ihn selig; denn der Glaube, der Christum für uns angeschaut hat, bringt Ihn auch in uns. Durch diesen Glauben und den h. Geist wird dann die Liebe Gottes des Vaters und Jesu Christi in unsere Herzen ausgegossen, Röm. 5, 5, und diese macht selig; daher nennt man diesen Glauben auch den seligmachenden Glauben. Dieser Glaube macht selig ohne alle Werke und Verdienste und vor allen Werken und Verdiensten, allein durch Christi Werk und Verdienst, geschehen an unserer Statt, nach Gottes Liebe und Gnade. So sagt der Heiland: Wer an mich glaubt, der hat das ewige Leben, nicht er hofft und erwartet es erst, wie der Aberglaube und Unglaube, sondern er hat es, Joh. 6, 47. Und wieder: Wer mein Fleisch isset und trinket mein Blut, der hat das ewige Leben und ich werde ihn am jüngsten Tage auferwecken, Joh. 6, 54. Und wieder: Also hat Gott die Welt geliebet, daß er seinen eingebornen Sohn gab, auf daß Alle, die an Ihn glauben, nicht verloren werden, sondern das ewige Leben haben, Joh. 3, 16. Und Paulus spricht: Wir werden ohne Verdienst gerecht aus seiner Gnade durch die Erlösung, so durch Christum Jesum geschehen ist, welchen Gott hat vorgestellt zu einem Gnadenstuhl durch den Glauben in seinem Blut, Röm. 3, 24—31. Und wieder: Aus Gnaden seid ihr selig geworden durch den Glauben und dasselbige nicht aus euch,

Gottes Gabe ist es, nicht aus den Werken, auf daß sich kein Fleisch rühme, Eph. 2, 8, 9, Gal. 2, 16, Tit. 3, 5.

Werden wir nun aber auch allein durch den Glauben an Christum für uns selig ohne alle Werke, so bleiben wir doch nicht ohne gute Werke, denn die Liebe Gottes, die durch den Glauben in das Herz ausgegossen wird, wirkt auch gute Werke, und diese allein sind die **wahren** guten Werke. Nicht die Werke sind es, die wir aus natürlicher Liebe oder Rührung oder Gutmüthigkeit thun, oder gar aus Eitelkeit und der Menschen Lob und Ehre wegen, sondern die sind es, die aus dieser Liebe Gottes oder doch wenigstens aus einer Furcht Gottes hervorgehen; denn wir sollen Gott fürchten und lieben. Aus dieser Liebe Gottes heraus kann man aber nicht handeln, bis man sie erlangt, bis man sie durch den Glauben an Christum für uns erlangt hat. Die Liebe, die wahre, die göttliche Liebe, ist nicht **angeboren**, kann nicht in uns geweckt und entwickelt werden, sondern sie ist eine **Gabe des h. Geistes** und muß uns erst neu gegeben werden, 1 Cor. 13. Werke, die aus diesem Glauben und dieser Liebe hervorgehen, nennt man neutestamentliche Werke, zum Unterschiede von den alttestamentlichen, die aus der Furcht Gottes hervorgehen, Röm. 8, 15, man nennt sie auch **Früchte**; Früchte des Glaubens, der Liebe, des Geistes, der Gerechtigkeit; und ein Wandel in diesem Glauben heißt man einen Wandel im Licht, im Geist und in der Wahrheit. Das Hineinwachsen aus der Furcht in die Liebe ist das Wachsthum aus dem alten in das neue Testament, und ist das höchste Wachsthum eines Christen, das Wachsthum in die Vollkommenheit, 1 Cor. 2, 6, von wo es dann je mehr und mehr der Vollendung entgegen geht. Wie nun durch den ersten Adam in den Acker unseres Herzens das Unkraut, die Sünde gekommen ist, den ganzen Acker eingenommen und verderbt, und viel üble Früchte herausgetrieben und getragen hat; so kommt durch den zweiten Adam Christum, das Watzenkorn, die Liebe Gottes in den Acker unseres Herzens, welche Liebe ihn auch je mehr und mehr einnimmt, und gut macht, und Früchte der Gerechtigkeit und des göttlichen Wohlgefallens hervorbringt; dies aber Alles durch den Glauben an Christum für uns, Röm. 5, 12—21.

Solchen Glauben kann aber kein Mensch sich selbst geben oder in sich wirken, er ist Sache des h. Geistes. Kein Mensch kann machen, daß er fest und gewiß und mit aller Zuversicht glaube: Gott sei sein Vater, der ihn zärtlicher und herzlicher liebe, denn eine Mutter ihr Kind, Is. 49, 15. Will er es glauben, so kommen hundert Zweifel, die ihn unruhig machen, und es ihm absprechen. Vernunft wider den Glauben ficht. Kein Mensch kann machen, daß er es fest und gewiß und mit aller Zuversicht glaube: Jesus sei sein Erlöser und Heiland, der auch seine Sünden mit ans Holz des Kreuzes hinaufgenommen und getragen habe, und jetzt nichts von ihm verlange, als daß er bußfertig zu Ihm komme und seine Gnade annehme. Wer es versucht, der wird es erfahren. Die Sünden erregen immer wieder Zweifel. Das ist das wunderliche Ding, oft dünkts den Kindern zu gering, und doch zerglaubt ein Mann sich dran, und stirbt wohl, eh' er's glauben kann. Kurz,

Glauben ist nicht Menschen, sondern Gottes Sache und will erbeten sein, Joh. 6, 29. 2 Thess. 3, 2. Wissen ist noch nicht Glauben.

Es besteht demnach das **Wie** des Glaubens, oder der Weg, wodurch das **Was** des Glaubens, oder wodurch Christus, das Heil Gottes uns zugetheilt wird, in einer **innerlichen** vom Geiste Gottes gewirkten **Buße**, und in einem solchen **innerlichen** vom h. Geiste Gottes gewirkten **Glauben**, oder es besteht in einem solchen innerlichen Glauben, dem die Buße als Vorbereitung vorangegangen ist. Das ist das Wie des Glaubens, oder der Heilsweg des Glaubens; der biblische und evangelische Heilsweg.

Wollen wir die ganze Lehre des Glaubens, sowohl das Was als das Wie in einem Gleichnisse darstellen, so wäre es dieses eines Ackers. Der Heiland selbst vergleicht das Menschenherz gar oft mit einem Acker.

Wie nun ein Acker von Natur, oder bevor er gepflügt und eingesäet ist, nicht Korn, oder eine Speise für den Menschen in sich hat, noch trägt, noch tragen kann, sondern im besten Fall Gras, bald aber auch Unkraut, Disteln und Dornen, und anderes Gesträuch; so hat auch der Mensch von Natur keine Gottes-Gerechtigkeit, oder keine Gerechtigkeit, die vor Gott gilt, keine heilige Liebe, Geduld und Demuth in sich, wie sie Gott hat, trägt sie nicht und kann sie nicht tragen, sondern im besten Fall eigene Gerechtigkeit, bald aber Sünden, feine und grobe Sünden, Matth. 15, Gal. 5, 19, 20.

Wie nun aber ein solcher Acker nicht gepflügt und eingesäet werden kann, bevor das Unkraut und die Disteln und Dornen herausgenommen und entfernt sind; so kann auch der Acker unseres Herzens nicht gut gemacht und bekehrt werden, bevor unsere Sünden herausgenommen und entfernt sind. Es werden aber die Dornen und Disteln verbrannt, und dies entweder auf dem eigenen Acker, der sie getragen hat, oder auf einem andern nebenanliegenden; so werden auch unsere Sünden verbrannt, entweder auf dem eigenen Herzen, das sie getragen hat, oder auf einem andern. Sollten sie auf unserm eigenen Herzen verbrannt werden, so müßten wir ewig verloren sein, denn verkauft unter die Sünde würden wir nur immer wieder Sünde tragen.

Da hat sich denn aber Gott unserer erbarmt, und hat alles Unkraut und alle Disteln und Dornen aus uns herausgenommen, und auf einen Nebenacker gelegt und dort verbrannt; das heißt: Gott hat alle unsere Sünden auf Christum gelegt und dort verbrannt. Gerade dadurch wurde er auch seiner Menschheit nach verklärt, und es wuchs jene Frucht der Gerechtigkeit aus ihm heraus, welche die Saat für alle übrigen Aecker ist, Joh. 12, 23 = 13, 31, 32 = 17 Röm. 1, 16, 17. Das ist der christliche Glaube, das Was des christlichen Glaubens.

Wie nun aber der Acker damit, daß seine Disteln und Dornen aus ihm herausgenommen und verbrannt sind, kein Kornacker ist, sondern jetzt erst gepflügt und eingesäet werden muß; so ist auch der Mensch damit, daß Christus für ihn gestorben und seine Sünden getragen hat, noch kein bekehrter und vor Gott gerechtfertigter und gerechter Mensch, sondern soll und muß es jetzt erst noch werden, kann aber allein durch diese Versöhnung, und durch die darin geoffenbarte Gnade und

Liebe Gottes des Vaters und unseres Herrn Jesu Christi es werden. Das ist das von Gott verordnete Mittel, die von ihm bereitete Medicin, es ist die heimliche verborgene Weisheit, die Gott verordnet hat vor der Welt zu unserer Herrlichkeit, 1 Cor. 2, 6, ein anderes Mittel giebt es nicht. Dies führt zur Buße und zum Glauben.

Wer glaubt, daß seine Sünden ewig auf seiner Seele hätten brennen müssen, und auch jetzt noch brennen werden, wenn er außer Christo bleibt, Marc. 16, 16, wie dies oft im Leben, aber bei den Verdammten ewig in der Hölle der Fall ist, 1 Mos. 4, 13, Matth. 27, 3—5, Marc. 9, 44, wer in Christo in seinem Zittern und Zagen und in seiner Verlassenheit am Kreuz das Feuer sieht, womit die Sünde verbrannt wird, und dabei an Tod, Gericht und Ewigkeit denkt, der wird heilsamlich erschreckt und mit Furcht vor Gott um seiner Sünden willen erfüllet werden, wird abstehen von der Sünde, und von Herzen nach dem Heilande und nach der Gerechtigkeit verlangen, die vor Gott gilt. Das ist seine Buße, das Pflügen des Ackers. Wer denn aber weiter glaubt, oder dem es gnädig verliehen wird zu glauben, daß ihn Gott also geliebt habe und liebe. daß er alle seine Sünden auf seinen Sohn legte und dort verbrannte, und daß Jesus dies Alles aus herzlicher Liebe für ihn gelitten habe, der wird auch etwas von dieser Gottes und des Heilands Liebe in sein Herz eingeträpfelt erhalten, wird Gott lieben, anbeten, ihm danken, sich ihm hingeben, wird zu Jesu Füßen niederfallen und sprechen: tausend, tausendmal sei Dir, liebster Jesu, Dank dafür. Das ist sein Glaube, der Glaube seines Herzens, der seligmachende Glaube, und dieser Glaube wird ihn zu einem andern, zu einem neuen und ge rech ten, zu einem wiedergebornen Menschen. machen, und ihn fördern, so oft er ihn erneuert.

Diese Liebe Gottes und Jesu Christi ist die Saat, die in ein gedemüthigtes und zerschlagenes Herz eingesäet werden muß, und woraus die Früchte der Gerechtigkeit herauswachsen. Was der Mensch mit allen Werken nie erlangt hätte, noch erlangen konnte, diese göttliche Liebe, Frieden, Demuth, Geduld 2c., das hat er durch den Glauben erlangt. Darum eifert auch der Apostel so sehr gegen alle diejenigen, die durch das Gesetz und seine Werke gerecht werden wollen, statt durch den Glauben, Röm. 3, 22—31 = 4 = 5, 1 Gal. 2, 16 = 3. Das ist nun das Wie des Glaubens oder der Heilsweg desselben.

Wir fragen nun:

Was ist Aberglaube?

Der Aberglaube, der christliche, ist auch ein Glaube, nur ein verkehrter Glaube. Wer ein Messer verkehrt oder an der Schneide in die Hand nimmt, hat auch ein Messer, nur aber verkehrt. Es besteht aber der Aberglaube, was die Lehre von Christo angeht, und das ist ja bei Christen, die nicht Deisten sind, die Hauptlehre, wieder aus obigen zwei Stücken, aus dem Was und Wie.

Was nun das Was angeht, so hat er dies ganz mit dem Glauben gemein. Auch er glaubt, daß Christus unser Stellvertreter und für uns da ist, daß er sein Blut für uns und zur Versöhnung unserer

Sünden vergossen, und alle Gerechtigkeit für uns erfüllet habe. Hierin liegt keine Verschiedenheit.

Was aber das **Wie** angeht, so ist die Verschiedenheit groß. Hat der Glaube innerliche Buße und innerlichen Glauben von Gott gewirkt zum Heilsweg, so hat der Aberglaube äußerliche Buß**werke** und Glaubens**werke** zum Heilsweg. Man nennt ihn beßwegen auch den **gesetzlichen Heilsweg**. Er faßt das Messer an der Schneide, will verkehrt, will rückwärts und hinter sich in Gottes Reich und in Himmel, durch Werke will er hinein; er will Frucht tragen, ehe er die Saat hat, will arbeiten, ehe er gegessen hat. Und wenn er auch an Christum glaubt, und durch Christum selig werden will, so will er doch nicht allein durch ihn und sein Verdienst selig werden, sondern will auch etwas dazu thun und beitragen. Mit Christo will er für seine Sünden büßen, und durch Fasten und Kasteien, durch Geiseln und harte Leibesübungen durch Nachtwachen und andere Büßungen, durch Krankheit und Tod etwas dafür leiden und abtragen, zugleich auch ihnen dadurch absterben, und was er hier nicht fertig gebracht hat, will er in der Ewigkeit im Fegfeuer noch ausleiben und fertig machen. Das ist seine Buße, des Aberglaubens Buße.

Und sein Glaube besteht in einem Fürwahrhalten, aber auch nur in einem Fürwahrhalten alles dessen, was er von Christo, von seinem Leiden und Sterben und von seinem Gehorsam für uns gehört hat, und was die Kirche lehrt, und in einem Thun aller der Werke, die von ihr zur Erlangung der Gnaden befohlen und empfohlen werden. Solche Werke sind Beten, Kirchengehen, Beichten, Kommuniciren, Heilige Verehren und Anrufen, Wallfahrtengehen, kurz Alles, was er zur Erlangung der göttlichen Gnaden thut, und wenn er Ketzer verbrennt, so ist es auch ein gutes Werk, Joh. 16, 2, Apostelg. 7, 58, Röm. 10, 2. Durch diesen seinen Glauben und seine Werke will auch er mit Christo in eine Gemeinschaft treten und eine Gerechtigkeit zu Stande bringen, vermöge welcher er der Gnade Gottes und der Seligkeit werth und würdig wird. Je mehr er nun solche Werke thut, um so würdiger wird er, und um so größer wird seine Seligkeit und sein Lohn einst werden. Nicht umsonst, nicht aus Gnade wird das Erbe, was Christus erworben hat, ihm zugetheilt, sondern nach Verdienst der Werke. Nicht als Kind ererbt er auf einmal das ganze Vermögen, und wird sich dessen nur nach und nach zu seinem Trost und seiner Stärkung immer mehr bewußt, sondern er erhält Acker für Acker, je nachdem er sich würdig macht, er wird statt eines Kindes, ein Knecht. Nicht nur herrlich, nein auch selig will er durch Werke werden. Das ist der Weg der Werke, der **gesetzliche Heilsweg**. Das ist das **Wie** des Aberglaubens. Solcher Weg ist der Weg der eigenen Vernunft und Kraft.

Den Unterschied zwischen Glauben und Aberglauben können wir auch in Beispielen sehen. Der Zöllner im Evangelio war ein **gläubiger**, der Pharisäer ein **abergläubiger Mensch**. Der Zöllner hielt nicht nur Alles für wahr, was er von Christo hörte, sondern er überlegte und bewegte es auch in seinem Herzen, und nahm den Geist desselben in sich auf, den Geist des Gesetzes zur Buße, und den des

Evangeliums zum Glauben. Er kam also durch Gottes Gnade auf den rechten biblischen und evangelischen Heilsweg; er kam zum Glauben. Der Pharisäer hielt auch Alles für wahr, was Gott in seinem Worte sagte, und dazu noch, was die Kirche lehrte, aber er nahm weder den Geist des Gesetzes, noch den des Evangeliums in sein Herz auf, und blieb daher ohne innerliche Buße und ohne innerlichen Glauben, sondern meinte, ein festes Halten an allen diesen Lehren, ein festes und steifes Halten am Buchstaben derselben, und ein Thun derselben nach allen Kräften, das genüge, um endlich selig zu werden. Er war und blieb im Aberglauben. Vielwissend im Kopf, blind im Herzen und auf seine äußerliche Ehrbarkeit und Tugend vertrauend, und Andere richtend. Sein Heilsweg war ein äußerlicher, ein gesetzlicher durch Werke zur Gnade.

Es giebt aber hier auf diesem Standpunkt auch Leute, die innerlich in einer Furcht Gottes und in der Buße stehen, aber dann getrieben durch diese Furcht, durch allerlei äußerliche Werke ihre Seligkeit zu schaffen suchen; solche stehen mit dem einen Fuß auf dem Weg des Glaubens, mit dem andern im Gesetz und auf dem Weg des Aberglaubens, stehen auf der Brücke und sind halb evangelisch, halb gesetzlich. So stand wohl das ganze alte Testament, so Kornelius, ehe ihm Petrus den Glauben predigte, Apostelg. 10, so standen vielleicht alle Apostel unter Johannes, ehe Christus kam und sie zum Glauben führte. Unter einer guten Führung können sie zum Glauben hinüber kommen.

Ein gläubiger Mann war und wurde auch der eine Schächer am Kreuz; er hielt nicht nur alle Worte, die er von Christo hörte, gesetzliche, wie evangelische für wahr, sondern nahm auch den Geist derselben in sein Herz auf, den Geist des Gesetzes zur Buße, und den des Evangeliums zum Glauben. Dagegen war der andere gar nichts, weder gläubig, noch abergläubig, noch ungläubig; er war ein todter, verkommener, wahrscheinlich in seiner Jugend ganz verwahrloster Mensch.

Leute, die in den Wegen Gottes unerfahren und vom h. Geist nicht erleuchtet sind, halten bald Alles für Glauben; ihnen ist eigentlich der Aberglaube der wahre Glaube, und der rechte Glaube Schwärmerei, Sektirerei und Ketzerei; der Aberglaube ist ihnen aber darum der wahre Glaube, einmal weil er das apostolische Glaubensbekenntniß hat, fest daran hält, und äußerlich ehrbar lebt, sodann weil sie diesen doch auch mit ihrer Vernunft begreifen können, den andern nicht, 1 Cor. 2, 14.

Der Aberglaube, bei welchem es nicht an dem Was, sondern an dem Wie des Glaubens fehlt, findet sich in allen Kirchen, in der evangelischen sowohl als in der katholischen, nur daß die eine ihrem Bekenntniß, wenn auch nicht immer der Predigt nach, darauf ausgeht, ihn zu zerstören, die andere ihn zu bauen, die eine die Leute heraus, die andere sie hineinzuführen.

Viele und wohl auch die meisten Menschen bleiben ihr Lebenlang im Aberglauben und müssen erst in der Ewigkeit, wenn sie alttestamentlich und in der Furcht Gottes aus der Zeit gegangen sind, etwa in einem Zwischenort, oder in den Reichen derer, die neutestamentlich und Könige und Priester sind, untergebracht und weiter geführt werden,

Luc. 16, 9. Der Aberglaube führt ins Fegfeuer, der Glaube in Himmel. Wenige finden den Weg, Matth. 7, 14. Viele verfallen auch aus dem Aberglauben nach und nach in den Unglauben, und werfen auch das Was des Glaubens, besonders des Glaubens von Christo weg; wovon unsere Zeit Zeugniß giebt.

Der Aberglaube aber, so allgemein er verbreitet, und von den meisten Menschen für wahrer Glaube gehalten wird, hält in Noth und Tod nicht Stand. Es läßt sich leicht sagen: Ich glaube an Gott den Vater, allmächtigen Schöpfer Himmels und der Erde, so lange man Geld im Kasten und Frucht auf dem Speicher hat; geht aber dieser Vorrath aus, so geht auch dieser selbstgemachte Glaube oder dies Fürwahrhalten aus. Eben so läßt sich leicht sagen: Ich glaube an Jesum Christum, seinen eingebornen Sohn unsern Herrn ꝛc., so lange man jung und gesund und der Tod noch ferne ist; anders ist es aber, wenn man auf das Krankenbett gelegt wird, wenn der Tod uns grüßt, und die Pforten der Ewigkeit sich öffnen; da will alles Glauben und Fürwahrhalten, nebst allen äußerlichen Mitteln und Werken nicht ausreichen, um dem Menschen aus dem Gericht über seine Sünden herauszuhelfen. Hier ist ein anderer Glaube noth, hier ist der oben beschriebene von Gottes Geist im Innerlichen des Herzens gewirkte Glaube nöthig, wenn uns soll geholfen, und ein freudiger Blick in die Ewigkeit gegeben werden.

Und wie der Aberglaube, bei dem es an dem Wie fehlt, oder wie der todte Glaube im Menschen nebst allen Mitteln von Beicht und Abendmahl und allen äußerlichen Werken in Noth und Tod nicht hilft und Trost und Freudigkeit giebt; so giebt er auch keine Kraft zur Umänderung des Herzens und Lebens. Unsere Herzen sind durch unsern Fall, und durch die Sünde, die in uns gekommen ist, nach Unten statt nach Oben, nach der Welt statt nach Gott gekehrt. Wir haben wohl noch Furcht, Glauben und Liebe in unsern Herzen, und sind keine Steine oder todten Klötze; aber unsere Furcht, unser Glaube und unsere Liebe ist verkehrt, und muß erst wieder umgekehrt, zurecht gerichtet, oder bekehrt werden. Wir haben noch Furcht; aber Furcht vor Menschen, vor wilden Thieren, vor Gewittern, vor Gespenstern und Geistern; aber keine Furcht vor Gott und der Sünde, keine Furcht, die da spricht: Wie sollte ich ein so großes Uebel thun, und wider den Herrn meinen Gott sündigen? 1 Mos. 39, 9. Wir haben noch Glauben und Vertrauen, aber nur Glauben und Vertrauen auf uns selbst, auf unsern Verstand, auf unser gutes Herz, auf unsere Rechtschaffenheit, auf unsere guten Werke, auf Geld und Gut, und andere Menschen, aber wir haben keinen Glauben und kein Vertrauen auf den lebendigen Gott, auf seine Liebe, Gnade und Hilfe, und auf seine im Worte uns gegebenen Verheißungen. Wir haben noch Liebe; aber Liebe zu uns selbst, zu Fleisch und Blut, zu Geld und Gut; aber keine Liebe zu Gott, und zu andern Menschen, namentlich nicht zu wahrhaft gläubigen Menschen, Matth. 10, 22. Unser Herz ist verkehrt, ist statt nach Oben, nach Unten gekehrt, und soll wieder umgekehrt, bekehrt werden, das Herz soll es werden, nicht blos das Leben, das Herz zuerst, hernach das Leben. Das kann kein selbstgemachter Glaube, keine Orthodoxie oder Rechtgläubigkeit, kein Glaube, dem es an dem Wie fehlt, kein Aberglaube, das kann nur der rechte, wahre vom h. Geiste im Innern des Herzens gewirkte Glaube. Nur dieser Glaube nimmt Gottes Liebe ins Herz auf und wirkt eine kindliche Furcht, und Liebe zu Gott und den Menschen, er macht das Herz los von der Welt und ihrer Lust, zieht es himmelwärts und macht es selig und heilig. Wenn auch das Leben bei dem Aberglauben etwas verändert und gebessert wird, das Herz wird es nimmermehr, es bleibt das alte, unveränderte, selbstsüchtige, stolze, geizige und fleischliche Herz, blind und todt in Sünden, und eingebildet auf seine Gerechtigkeit.

Der erste große Fehler des Aberglaubens ist der, daß ihm die Buße, die innerliche von Gott gewirkte Buße, die erste Staffel des Heilswegs und der erste Schritt ins Reich Gottes, fehlt. So lange der Mensch nicht durch das Gesetz und den h. Geist zur Erkenntniß seiner Sünden und seines innern Verderbens geführt, so lange ihm die Sünde durch Gottes Geist nicht sündig gemacht und aufs Herz gelegt und die Unmöglichkeit gezeigt wird, sich selbst zu helfen, so lange giebt es keinen wahren Glauben. Da kann es nur Rechtgläubigkeit, und eigen gemachten Glauben, Aberglauben geben. Das alte Testament muß dem neuen, das Gesetz dem Evangelio, Johannes der Täufer Christo vorangehen. Wo kein Weg bereitet ist, kann Christus nicht einziehen. Den Armen im Geiste, sprach Jesus das Himmelreich zu; und die Mühseligen und Beladenen lud er zu sich ein. Der Zöllner sprach zuerst mit bußfertigem Herzen: Gott sei mir Sünder gnädig, ehe er gerechtfertigt nach Hause gehen konnte. Und der Schächer am Kreuz sprach zuerst: Wir leiden, was wir verdient haben, ehe er auf seine Bitte: Herr, gedenke an mich, wenn du in dein Reich kommst, das Trostwort hören durfte: Heute noch wirst du mit mir im Paradiese sein. Und Paulus, der gottesfürchtige Paulus, mußte zuerst ein rechter armer Sünder werden, ehe er sagen konnte: Mir ist Barmherzigkeit widerfahren. Buße geht und muß allem wahren Glauben vorangehen, Buße von Gott gewirkt. Durch Buße wird der Mensch zum Glauben organisirt und zugerichtet.

Der Aberglaube redet wohl auch von Buße, aber seine Buße ist mehr sein eigenes Werk, als Gottes Werk, besteht mehr in der Angst vor Beicht und Abendmahl, als in einer von Gottes Geist gewirkten Reue über die Sünde und das Verderben; auch ist sein Glaube dabei mehr ein Vertrauen auf das Beichten und die priesterliche Lossprechung, als auf Christus und sein Verdienst, wenigstens glaubt er nicht, daß ohne Beicht und Lossprechung die Sünden vergeben werden können. Nun ist zwar die Beicht recht und gut und von Christo geordnet, und selbst gegen das Sündensagen oder die katholische Beicht ist nichts einzuwenden, wenn man sich dadurch einer Last entledigen und durch solche Lossprechung der göttlichen Gnade versichern will; allein eine Beicht, die nicht durch innerliche Buße, sondern durch ein Beichtgebot bewirkt wird, auch vielleicht nicht dazu führt oder benützt wird, hat überall wenig oder keinen Werth. Denn nicht auf die Beicht und die Sünden sieht Gott, wenn er Sünden vergiebt — und dieses Rechts hat er sich noch nicht begeben — sondern auf das Herz, auf ein bemüthiges und zerschlagenes Herz; nicht um des Beichtens willen vergiebt Gott Sünden, sondern um seinetwillen, um seiner Gnade und um Christi willen, und er vergiebt sie und hat sie schon vergeben, ehe sie noch gebeichtet und vom Priester vergeben sind; der Priester kommt nur hinten nach, und richtet mündlich aus und versichert von dem, was geschehen ist zur Stärkung des Glaubens. Wo aber keine Buße ist, und auch durch das Beichten keine zu Stande gebracht wird, wo das Beichten oft nur heißt: Ablaßen, oder den Pfarrer anlügen, dort ist Beichten und Lossprechen unnütz und unwahr, und es lügt nur Einer den Andern an. Die Buße, die Buße von Gott gewirkt, ist daher die erste Bedingung zur Gnade, der erste Schritt zum Glauben.

Auf solche Buße erst folgt dann der rechte, wahre Glaube, und ist der zweite Schritt ins Reich Gottes, und dieser Glaube ist es, der dem Herzen Trost, der ihm Christum giebt, Christum den Gekreuzigten, und in Ihm die ganze Liebe des Vaters und des Sohnes, als die himmlische Mahlzeit, die ihn, wie jedes Essen, oder wie jede Speise, die genoßen wird, als einen Hungrigen labt und erquickt, die ihn aber auch stärkt und treibt, Gottes Gebote zu halten.

Das Alles vermag der Aberglaube nicht; und gerade das ist sein Verdruß gegen den Glauben, daß er dies nicht vermag. Darum heißt er den Glauben übertriebenes, überspanntes Wesen, Pietismus, Scheinheiligkeit, Frömmelei und Heuchelei; und die Leute Schwärmer, Sektirer und Ketzer. Wir haben doch auch Glauben, spricht der Aberglaube, Glauben an Gott den Vater, den Sohn und den h. Geist, aber solche Wirkungen kommen bei uns nicht vor. Was nun sein todter und verkehrter Glaube nicht vermag, das meint er, könne auch der wahre Glaube nicht hervorbringen. Es hält freilich schwer, wenn der Mensch die Mühle selbst treiben soll, statt des Wassers.

Den Unterschied zwischen Glauben und Aberglauben können wir auch in einem Gleichnisse, in dem Gleichniß eines Baues darstellen.

Was nun das Was dieses Baues angeht, so haben Beide einerlei Fundament, nämlich Christum, Christum den Gekreuzigten, 1 Cor. 2, 11. Hierin sind sie gleich.

Was aber das Wie angeht, so sind sie sehr verschieden. Der Aberglaube will, um sein Fundament zu legen, daß zuerst alle Steine von dem Boden abgelesen und entfernt werden, worauf er sein Haus bauen, besonders wo er sein Fundament legen will; er will ferner, daß der Boden sodann schön geebnet und hergerichtet, und dort, wo er das Fundament legen will, mit Erd und Sand erhöhet werde; und jetzt auf diesen gereinigten und erhöhten Boden legt er den Grundstein. Das heißt: Der Aberglaube will, daß alle Steine der Sünden, besonders daß alle begangenen Sünden von dem Herzen entfernt werden, in welche Christus gebracht werden soll; sodann, daß sie mit guten Werken erhöht und gezieret werden. Das Erste geschieht durch die Beicht, durch Besserung oder durch fromme Vorsätze der Besserung und durch heilsame Bußen; das Zweite geschieht durch gute Werke, durch Beten, Opfern,

Almosengeben und dergleichen. Auf diesen gereinigten und schön hergerichteten und durch Werke erhöhten Boden legt er nun Christum als Grundstein. Dies geschieht durch das h. Abendmahl und den Glauben. Jezt ist der Grund gelegt, und nun geht es an den Aufbau oder an das neue Leben. Aber kaum hat er einige Tage daran gebaut, so kommt der Sturmwind der Sünde und der Anfechtung und reißt den ganzen Bau nieder. Nun fängt er wieder an, liest die Steine wieder weg, ebnet und erhöht den Boden wieder, und legt den Grundstein darauf, und baut jezt das Haus in die Höhe; aber ein neuer Sturm reißt es von Grund aus wieder nieder. So geht es fort, so daß man ewig Grund legen, und nie zu einem rechten Aufbau und festen Haus in diesem Leben kommen kann. Wo liegt der Fehler? Der Grundstein ist in die Höhe statt in die Tiefe gelegt. Das Haus ist auf Sand gebaut, Matth. 7, 26, 27. Das ist der Bau des Aberglaubens; die Werke unten, Christus oben. So bauen die meisten Menschen von einer Beicht zur andern; so bauen alle natürlichen Menschen, so lange sie nicht in der Schule des h. Geistes den rechten Bau kennen gelernt haben. So bauen die meisten Eltern den Bau in den Herzen ihrer Kinder. Bei einer Unart oder Sünde spricht die Mutter zum Kinde: Kind, wenn du böse bist, so kommst du nicht in Himmel, böse Kinder kommen in die Hölle, brave Kinder kommen in den Himmel, nur wenn du brav bist, kommst du in Himmel. Hier liest nun die Mutter die Steine der Sünde weg, ebnet und erhöht den Boden durch Bravsein, und legt nun den Himmel oben darauf. Auf Besserung und Bravsein baut sie den Himmel. Nun ist zwar wahr, daß wer böse ist, und Sünde thut, nicht in Himmel kommt; aber unwahr ist, daß wer brav ist, und Gutes thut, in Himmel kommt, Apostelg. 16, 31. Allein die Mutter weiß keinen andern Weg, darum wählt sie den des Gesetzes, der uns angeboren, der allen Menschen, der auch den Heiden angeboren ist, Röm. 2, 15, darum auch heidnische Mütter, die gebildet oder nicht ganz verwildert sind, ihre Kinder ähnlich erziehen. Das ist das sittliche Bewußtsein im Menschen. Jedoch auch auf Gott wird sie ihr Kind führen, da uns der Glaube an einen Gott oder an ein höchstes Wesen ebenfalls angeboren ist; ähnlich thut es die heidnische Mutter auch, indem sie ihr Kind auf die Götter führt; das ist das religiöse Bewußtsein im Menschen. Aber mit diesem ganzen Bau und Bauen wird wenig ausgerichtet werden, es fehlt ihm die rechte Grundlage, es fehlt ihm Christus der Gekreuzigte. Das Heil liegt allein in Christo und an seinem Kreuz. Es liegt nicht im Sittengesetz, noch im Glauben an Gott, es liegt nicht im sittlichen, noch im religiösen Bewußtsein, es liegt in Christo dem Gekreuzigten, und im Glauben an Ihn, Apostelg. 4, 12, Röm. 1, 16; 1 Cor. 1, 18—31.

Doch auch von Christo wird eine christliche Mutter mit ihrem Kinde reden, sie wird ihm sagen, daß Christus für uns gestorben ist, und uns erlöset habe; allein ist sie nicht vom h. Geiste unterrichtet, so wird ihr ganzer Bau wieder ein verkehrter werden. Es wird auch hier wieder heißen: Kind, wenn du in Himmel kommen willst, so mußt du die Sünde meiden, brav sein und an Christum glauben; er ist unser

Heiland, der uns erlöset hat. Da heißt es nun wieder: Steine ablesen, den Boden ebnen und erhöhen, und Christum als Grund oben auf legen, der Bau des Aberglaubens, ein Bau auf Sand gebaut, der wenig aus= trägt und im Sturm nicht haltbar ist. Unsere ganze Erziehung ist beinahe allgemein so, sie ist eine gesetzliche. Anders ist der Bau des Glaubens.

Der Glaube liest nicht nur die äußerlichen Steine der Sünden ab, und ebnet den Boden, und erhöht ihn mit guten Werken, und legt Christum als Fundament oben darauf, sondern der Glaube gräbt tiefer, er gräbt in die Tiefe des menschlichen Herzens hinein, findet auch dort noch Sünden, wo der Aberglaube keine mehr sieht, findet dort erst die Wurzel aller Sünden, das angeborne Verderben, die Augenlust, Fleisches= lust und Hoffarth des Lebens, woraus alle äußerlichen Sünden entste= hen, sieht und erkennt je mehr und mehr die Unmöglichkeit, mit allem sittlichen und religiösen Bewußtsein, und mit dem festesten und ernst= lichsten Willen, alle Steine weg= und herauszunehmen, und alles eben zu machen; und ruft daher mit dem Apostel aus: Ich elender Mensch, wer wird mich erlösen von dem Leibe dieses Todes, und legt jetzt im Gefühl dieses seines elenden Zustandes und der tiefen innerlichen Buße Christum den Gekreuzigten als seinen Heiland in das Herz hinein, er= faßt ihn im Glauben, und dies noch vor allen guten Werken und vor aller Beicht und vor allem Abendmahl, gestützt auf das Wort, daß Jesus Sünder annehme, und daß er Niemand hinausstoße, der zu ihm komme; gestützt auf das Wort, das er selbst sagt: Kommt her ihr Alle, die ihr mühselig und beladen seid, ich will euch erquicken; wer an mich glaubt, der hat das ewige Leben. Und was er auf dieses sein Wort glaubt, das hat und erlangt er, Vergebung der Sünden, Leben und Seligkeit, und dies Alles umsonst, aus Gnaden, durch Christum und den Glauben, vor allen Werken, Röm. 3, 21—31. Das ist der Bau des Glaubens. Hier ist zuerst Buße, tief innerliche Buße, hernach der Glaube, zuerst das Fundament gegraben, hernach gelegt, in die Tiefe gegraben, in die Tiefe gelegt. Ist Buße schon da, dann wird nur das Fundament gelegt und darauf gebaut, Apostelg. 16, 30, 31. In der Buße wird der Mensch erweckt, im Glauben bekehrt, im Gesetz erweckt, im Evangelio bekehrt.

Auf dieses tief und fest gelegte Fundament erbaut nun der Glaube sein Haus, das Haus der Heiligung und des neuen Lebens, ein=, zwei= und mehrstöckig, je nach seiner Gnade und Treue. Paulus baute ein vielstöckiges Haus darauf, 1 Cor. 15, 10, der Schächer am Kreuz brachte es nur zum Fundament. Paulus erzählt uns auch von Solchen, die Holz, Heu und Stoppeln, und von Andern, die Gold, Silber und Edelstein darauf bauen, 1 Cor. 3, 12. Solches Haus des Glaubens fällt nicht, auch wenn Stürme kommen, Risse mag es bekommen, Matth. 26, 69, aber es fällt nicht, denn es ist auf einen Felsen gebaut, Joh. 10, 28, 29, Röm. 8, 31—39, Matth. 7, 25.

Hier in diesem Gleichnisse sehen wir nun wieder den Unterschied zwischen Glauben und Aberglauben.

Wollen wir die Unterschiede zwischen Glauben und Aberglauben noch einmal in Kürze zusammenfassen, so sind es folgende:

Der Glaube ist Gottes Werk; der Aberglaube Menschenwerk. Kein Mensch konnte dem Schächer am Kreuz die Gewißheit geben, daß derjenige, welcher neben ihm hing, Gottes Sohn und der Welt Heiland sei; und noch mehr die Gewißheit, daß die Verheißung, die er ihm gab, sich sicher an ihm erfüllen werde.

Der Glaube ist schwer und der Mensch hat das ganze Leben daran zu lernen und sich darin zu üben, Marc. 9, 24. Der Aberglaube ist leicht, das Was lernt man in der Schule, und das Wie macht man sich selbst.

Der Glaube hat die Buße, die Buße von Gott gewirkt, als nothwendige Vorbedingung; der Aberglaube hat die Werke der Buße, als Besserung und Nimmerthun zur nothwendigen Bedingung. Nach ihm müssen die Heiden zuerst Juden, die Gottlosen zuerst brav werden, um zum Glauben und zur Seligkeit zu kommen. Der Aberglaube will zuerst schaffen, hernach essen, der Glaube will zuerst essen und hernach schaffen.

Der Glaube holt und empfängt die himmlischen Güter unmittelbar von Christo, und dies schon durch das Wort ohne Sakrament, Sakramente sind ihm nur Zutheilungen zur Versicherung, wie Testamente zur Versicherung des gegebenen Gnadenworts. Der Aberglaube darf nicht unmittelbar zu Christo gehen und Gnade holen und empfangen, sondern er erhält Alles durch die Hand des Priesters mittelst des Sakraments. Ohne ihn und ohne dieses erhält er nichts, auch der bußfertigste und gläubigste Mensch nichts. Alles hängt vom Priester und vom Sakrament ab. Der Mensch im Aberglauben hängt ganz in der Hand der Priester, sie beherrschen und herrschen über ihn.

Der Glaube macht die Menschen hier schon selig, und dies ohne und vor allen Werken durch Aufnehmen der göttlichen Liebe und Gnade. Der Aberglaube hält es für eine Vermessenheit zu sagen, daß der Mensch hier schon selig werde, weil er es erst durch Werke erlangen kann.

Der Glaube hält sich allein an die h. Schrift, als ein wahres und untrügliches Wort von Gott; und an Menschen, an Wenige oder Viele, nur in so weit, als ihre Lehre oder Predigt mit Gottes Wort übereinstimmt. Er forscht daher selbst in h. Schrift, und sucht eine eigene gewisse Ueberzeugung zu erlangen, Röm. 1, 17; der Aberglaube hält sich an Menschen, an Geistliche, nicht aber an Einen, sondern an Viele, an die Kirche, und überläßt ihnen die Verantwortung, wenn sie ihn in die Grube führen, Luc. 6, 39; doch liegt er auch darin, wie sein Priester.

Der Glaube hält seine Lehre, als aus h. Schrift ausgezogen, und mit derselben übereinstimmend für allein wahr und daher auch für allein berechtigt, und ist deßwegen intolerant gegen jede Lehre und Richtung, die nicht mit der h. Schrift übereinstimmt, nur ist er nicht intolerant gegen Menschen, und braucht zu seinem Kampfe keine andere als geistliche Waffen, 2 Cor. 10, 3—5, Eph. 6, 10—20. Er beherrscht die Leute nicht und will auch nicht herrschen über die Gewissen, sondern er will durch das Wort der h. Schrift überzeugen, auf daß Christus der Herr der Herzen werde, und sie beherrsche. Der Aberglaube hält seine Lehre, als die von der Kirche angenommene, ebenfalls für allein **wahr und berechtigt**, und ist deßwegen auch **intolerant** gegen jede andere, auch in der Schrift begründete Lehre, Matth. 26, 27, aber auch gegen Menschen, und gebraucht zu seinem Kampfe nicht bloß geistliche, sondern auch fleischliche Waffen, als da sind: Gefängnisse, Schwert und Scheiterhaufen. Das gerade ist seine Sünde, und darauf ruht die Strafe, die Böcke, die stoßen und stutzen, werden zur Linken gestellt, Matth. 25, 32, 33 = 23, 34. 39. Was die Priesterschaft will und lehrt, muß Alles glauben und thun, ob in h. Schrift geschrieben, oder nicht, ob überzeugt, oder nicht. Das heißt man nicht: die Heerde weiden, sondern über sie herrschen, 1 Petr. 5, 2, 3. Der Aberglaube ist hierarchisch und herrscht.

Der Glaube hat als Richtung oder als Heilsweg innerliche Buße und innerlichen Glauben von Gott gewirkt, oder Glauben allein ohne Werke, und die Werke oder die Heiligung nur als Frucht des Glaubens; der Aberglaube hat als Heilsweg oder als Richtung zum Himmel Werke, oder Glauben und Werke zugleich.

Dies sind nun die Hauptunterschiede zwischen Glauben und Aberglauben. Wenn sie auch das Was des Glaubens, das allgemeine oder apostolische Glaubensbekenntniß mit einander gemein haben, so sind sie doch in dem Wie oder in dem innern Glauben im Menschen, in dem Heilsweg sehr verschieden, der eine hat einen evangelischen, der andere einen gesetzlichen Heilsweg.

Wir fragen jetzt:

Was ist der Unglaube?

Der Unglaube, in so weit er hierher gehört und so lange er hierher gehört, und nicht das ganze Glaubensbekenntniß abgeworfen hat und heidnisch wird, ist in dem **Was** und **Wie** vom Glauben und Aberglauben verschieden.

Was das **Was** angeht, so bestreitet er in dem zweiten Artikel des christlichen Glaubensbekenntnisses die ewige Gottheit Christi, so wie sein Blut und Gerechtigkeit als unsern Schmuck und Ehrenkleid. Christus ist ihm nicht der ewige Sohn Gottes, der Mensch wurde, nicht Gott und Mensch in Einer Person, sondern ein ausgezeichneter Mensch, der, ausgerüstet von Gott mit besondern Gaben des Geistes und mit einem reinen Sinn und Herzen, Gott mehr, denn Andere erkannte, der ihn in seiner Liebe erkannte, und was er mit seiner Vernunft erkannte, in sein Herz aufnahm und in seinem Leben darstellte; der auch durch Glauben und Treue, so wie durch Leiden und Verfolgungen immer mehr in Gott hineinwuchs und an Weisheit und Gnade bei Gott und den Menschen zunahm; weßwegen er auch Gottes Sohn und Gottes Ebenbild genannt wird; er ist ihm ein ausgezeichneter Mensch, berufen und gesandt von Gott zum Lehren der Völker, um ihren Fortschritt zu fördern, sie aus einer niederen Erkenntniß Gottes zu einer höheren, aus dem alten ins neue Testament aus der Kindheit ins männliche Alter, aus der Furcht in die Liebe zu führen.

Christus ist dem Unglauben nicht ein Erlöser von Sünde und Tod, von Teufel und Hölle; sondern ein Erlöser von den irrigen und mangelhaften Vorstellungen von Gott, wie sie eben Kinder haben und haben können, ein Erlöser von knechtischer Furcht, und ein Heiland, der ihnen Gottes Liebe offenbarte, ihnen Muth und Zutrauen zu Gott einflößte, und sie so mit Gott versöhnte. Der Unglaube will nichts von einem Gott, der versöhnt werden muß, oder der ohne Strafe der Sünden keine Sünden vergiebt; ihm sind die Opfer der Heiden und Juden für die Sünden Unglauben und Aberglauben, sie sind ihm nicht hervorgegangen aus einem innern Gefühl und Bewußtsein der Schuld und Strafwürdigkeit, das Gott bei den Juden durch ein Gebot noch erhöhte, um sie zur Buße und zum Glauben an den künftigen Messias zu führen, sondern aus Unwissenheit und rohen und finstern Vorstellungen von den Göttern, weßwegen sie auch Menschenopfer brachten, die Gott bei den Juden durch der Thiere Opfer verhüten wollte, bis Christus durch sein Opfer allem Opfer und Opferdienst ein Ende machte. Er hat aber sein Opfer nicht gebracht zur Tilgung der Sünden, sondern aus Liebe für die Menschen zur Versiegelung und Bezeugung der Wahrheit seiner Lehre zu größerer Glaubwürdigkeit und williger Annahme derselben.

Auch ist der h. Geist dem Unglauben nicht eine Persönlichkeit, nicht die dritte Person in dem Einen göttlichen Wesen, wie wir es in dem allgemeinen christlichen Glaubensbekenntniß bekennen, sondern eine Kraft in Gott, die von ihm ausgeht und wirkt; und beim Menschen ist er ihm der sittlich religiöse Geist, der Geist der Wahrheit und Liebe, wie er in Christo vollkommen, in den Aposteln mit Maaßen war, der Geist der Wahrheit und Liebe, wie er in der Welt, in der Christenheit ist, und nach und nach allen Irrthum und Sünde überwinden und die Welt heiligen wird. Das ist mehr und weniger gröber und feiner das Was des Unglaubens.

Was das Wie angeht, so hat der Unglaube nicht jene innerliche Buße, die der Glaube hat, weil sein Gottesbegriff ein neutestamentlicher und kein alttestamentlicher ist, wodurch diese innerliche Buße entsteht; auch hat er nicht jenen innerlichen Glauben an Christum den Gekreuzigten, von Gott gewirkt, wie ihn der Glaube hat, weil er nicht glaubt, daß ein Unschuldiger die Strafen für einen Schuldigen trage, 1 Petr. 3, 18; er hat aber auch nicht die Buß- und Glaubenswerke zu seinem Heilsweg, wie sie der Aberglaube hat, weil er nicht glaubt, daß die Menschen Sünden büßen oder mitbüßen, und Gottes Gnade und den Himmel verdienen oder mitverdienen müssen; sondern sein Heilsweg heißt: die Sünden meiden und nimmerthun, das ist seine Buße; an Gott glauben, der die Liebe ist, und an Christum, der sie uns verkündigt und in sich dargestellt hat, und an die sittliche Weltordnung, wornach endlich alles Böse verschlungen und die Wahrheit den Sieg erhalten wird, das ist sein Glaube; und endlich fromm und tugendhaft leben, recht thun und Niemand scheuen und Gott und den Menschen lieben, das ist mehr und weniger, gröber und feiner sein christliches Leben und seine Heiligung.

Der Unglaube sieht besonders auf das Innerliche, auf das Herz und auf die Gesinnung des Herzens; er sieht mehr auf den innerlichen Sinn, als auf die äußerlichen Werke, da ja diese auch nachgemacht sein können, wie bei den Pharisäern; darum ist er auch nicht mit dem Aberglauben einverstanden, der mehr auf das Aeußerliche, auf die Werke sieht, als auf das Innerliche; er ist es aber auch nicht mit dem Glauben, obgleich dieser ebenso auf das Innerliche, wie auf das Aeußerliche sieht, weil ihm diese innerliche vom Geiste Gottes gewirkte Buße, und dieser innerliche Glaube, sowie das daraus hervorgehende Leben, etwas übertrieben, mit der Würde des Menschen nicht übereinstimmend, schwärmerisch und kopfhängerisch, oder wie er sich in neuerer Zeit lieber ausdrückt, muckerisch zu sein scheint; sondern er will einen innern rechtschaffenen, tugendhaften, religiös sittlichen, einen moralischen und gesetzlichen Sinn und solchen Wandel; er will besonders Liebe zu Gott und den Menschen; die Liebe ist sein Hauptsinn, sie ist das Wie seines Glaubens, sein Heils- und Himmelsweg.

Von der Liebe, sowie von allen andern Tugenden glaubt der Unglaube, daß sie im Menschen liegen, und nur geweckt werden müssen. Er nimmt den Menschen an als einen Acker, in dem zwar Unkraut, aber auch Korn oder gute Saat liege, und der oft christlicher sei, als er es selbst wisse, 2 Tim. 1, 12.

Der Heilsweg des Glaubens und des Aberglaubens stammt ihm noch aus jener Zeit, wo die Menschen in ihrer Kindheit lagen, und darum als kleine Kinder mit der Ruthe und mit Furcht erzogen werden mußten. Jezt nachdem sie groß und mündig geworden sind, bedürfen sie das nicht mehr. Uebrigens läßt er jedem diese Krücken, bis er heraufgewachsen ist.

Die Quelle, woraus der Unglaube seine Lehre schöpft, ist die h. Schrift und die menschliche Vernunft. Mit dieser seiner Vernunft prüft er, was mit seinem Gottesbegriff und seiner Richtung in Einklang gebracht werden kann und was nicht; das eine nimmt er an, das andere scheidet er aus, oder entkleidet es von der Hülle, worein es eingekleidet ist, und nimmt den Geist heraus.

Der Unglaube ist tolerant gegen jede Richtung und giebt daher auch der Bibel und dem Glauben Freiheit, was der Aberglaube nicht thut; nur verlangt er, daß man auch ihn gelten lasse, und Freiheit und Berechtigung gebe, sonst wird er auch intolerant, und wenn er Macht bekommt, so verfolgungssüchtig und noch mehr als der Aberglaube, er wird auch ein Bock, wie jener, und stutzt und herrscht über die Menschen und ihre Gewissen. Aberglaube und Unglaube sind gleich hierarchisch und herrschsüchtig.

Nachdem wir nun gezeigt haben, was Glauben, Aberglauben und Unglauben ist, und wie sie von einander verschieden sind, wollen wir jezt zum Schluß noch ein Urtheil über diese Richtungen von dem Apostel Paulus hören. Er giebt ein solches ab in den drei ersten Kapiteln des Briefes an die Römer. Gleich im ersten Kapitel sagt er: Ich schäme mich des Evangeliums von Christo nicht, denn es ist eine Kraft Gottes, die da selig macht Alle, die daran glauben, die Juden vornehmlich, und auch die Griechen, sintemal darin geoffenbaret wird die Gerechtigkeit, die vor Gott gilt, welche kommt aus Glauben in Glauben, wie denn geschrieben steht: der Gerechte wird seines Glaubens leben, Röm. 1, 16, 17. Offenbar entscheidet er sich hier für den Glauben, für den Glauben an den zweiten Artikel, für den Glauben an unsern Herrn Jesum Christum. In dem Evangelio von Christo liege eine Gotteskraft, und nur eine Gotteskraft, nicht eine Menschenkraft, könne den Menschen selig machen, oder aus Sünde und Tod, Teufel, Hölle und Welt erretten. Das Gewicht, welches er auf diesen zweiten Artikel legt, tritt noch mehr hervor, wenn er sein Urtheil über Unglauben und Aberglauben, über das Heidenthum und Judenthum seiner Zeit abgiebt. Klar und deutlich sagt er hier, daß Gottes Zorn vom Himmel komme und geoffenbaret werde über alle Menschen, die die Wahrheit in Ungerechtigkeit aufhalten, oder die dem Evangelio von Christo entweder aus Sündenliebe, wie die Heiden, oder aus eigener Gerechtigkeit wie die Juden, in ihren Ländern und Herzen keinen Einlaß geben, und zeigt dies zuerst bei den Heiden, die bei aller ihrer Weisheit und trotz der Offenbarung Gottes in der Schöpfung, trotz des sittlichen und religiösen Bewußtseins dennoch Gott verloren und sich und ihre Völker in alle Sünden und Schanden und den Staat in Auflösung und Untergang geführt haben. Es fehlte ihnen der zweite Artikel, es fehlte ihnen das Evangelium von Christo, die Gotteskraft, die allein Menschen und Staaten vor Sünde und Untergang bewahret und glücklich macht. Er geht dann über zu den Juden, die seiner Zeit mit ihrer Kirche ganz ins Gesetz und Aberglauben verfallen waren und giebt auch über sie ein Urtheil ab. Es fällt aber auch dieses nicht viel besser aus, als das über den Unglauben oder über die Heiden, obgleich sie Gottes Wort und die Wahrheit hatten; aber durch ihr Gesetz und die vielen gesetzlichen Aufsätze so zudeckten, daß es nicht zum Vorschein und zur Kraft kommen konnte, denn er sagt am Schluß von ihnen: Da ist nicht, der gerecht sei, auch nicht Einer, da ist nicht, der verständig sei, da ist nicht, der nach Gott frage, sie sind Alle abgewichen, und allesammt untüchtig geworden, da ist nicht, der Gutes thue, auch nicht Einer 2c., Röm. 3, 19, 20. Was half ihnen also all ihr Gesetz und gesetzliches Treiben und Wesen? Es fehlte die Gotteskraft, es fehlte das Evangelium von Christo, welches das Gesetz lebendig gemacht und zur Erfüllung getrieben hätte, es fehlte der zweite Artikel und der Glaube daran, Gal. 3. Bei allem dem, daß sie mehr hatten, als die Heiden, waren sie nicht besser als sie, und gingen unter wie sie. Und nun geht er wieder zurück auf sein Evangelium und sagt, daß den Menschen und Völkern nur durch den Glaben, durch den Glauben an unsern Herrn Jesum Christum könne geholfen werden, indem darin die Kraft Gottes liege, die selig mache oder aus Sünd und Verderben heraus errette, und in einen neuen Zustand hinein versetze. Wie nothwendig ist doch der zweite Artikel, wie nothwendig eine Verbindung der Menschen und Völker mit Christus, dem ewigen Sohne Gottes, unserm Erlöser und Heilande. Wer hier losmacht, und wenn er auch die Verbindung mit Gott im ersten Artikel noch beibehält, bringt Menschen und Völker, Fürsten und Staaten ins Elend und in Untergang. So ists im ewigen Rath Gottes beschlossen, daß durch den Sohn die gefallene Menschheit, das verlorene Glied der Schöpfung sammt der Schöpfung selbst wieder neuhergestellt werden soll. Siehe ich mache Alles neu, neue Menschen, neuen Himmel, neue Erde, Offenb. 21, 5. Durch ihn ist Alles erschaffen, durch ihn muß auch Alles wieder erlöset und neu hergestellt werden. Darum sollen Alle den Sohn ehren, wie sie den Vater ehren, Joh. 5, 23. Nur keine Loslösung von Christo, von Christo dem Gekreuzigten und Auferstandenen, keine Loslösung von dem ewigen Sohne Gottes, der Mensch geworden ist und uns erlöset hat.

Was also kein Unglaube der Heiden mit aller ihrer Weisheit und kein Aberglaube der Juden mit aller ihrer Rechtgläubigkeit und gesetzlichem Heilsweg vermocht hatte, das, sagt der Apostel, vermöge sein Evangelium von Christo, und die darin geoffenbarte und dem Glauben zugetheilte Gerechtigkeit Gottes. Deßwegen schäme er sich seines Evangeliums von Christo nicht. Ebenso spricht er im Briefe an die Korinther: Wir predigen den gekreuzigten Christum, den Juden ein Aergerniß, den Heiden eine Thorheit, denen aber, die berufen sind, beide Juden und Griechen, predigen wir Christum göttliche Kraft und göttliche Weisheit, denn die göttliche Thorheit ist weiser, denn die Menschen sind, und die göttliche Schwachheit ist stärker, denn die Menschen sind, 1 Cor. 1, 23—25. So sehen wir also, der Apostel Paulus entscheidet sich klar und offenbar für den Glauben, für den Glauben an unsern Herrn Jesum Christum, der gewirkt wird durch den h. Geist.

Dieser Glaube an unsern Herrn Jesum Christum hat sich auch je und allzeit bewährt, sowohl an einzelnen Menschen, als an ganzen Völkern. Durch die Predigt desselben ist die erste christliche Kirche entstanden und durch die erneuerte Predigt dieses Evangeliums oder des Glaubens und seines Heilweges ist die Kirche, die im Verlauf der Zeit in das Gesetz und in den Aberglauben verfallen war, wie einst die jüdische, in der Reformation wieder erneuert, und zu einer Verbindung mit der ersten christlichen Kirche zurückgeführt worden; ja eine ganz neue Zeit und Welt ist durch diese Predigt von Christo in und durch die Reformation in allen Zweigen des Wissens und des christlichen Lebens heraufgeführt worden. Und eine ganz andere und neue Zeit geht in allen den Gemeinden an, wo diese Predigt von Christo und diesem Weg des Heils rein und lauter verkündigt wird, eine neue Zeit in ihrem Wissen und Denken und in ihrem christlichen und häuslichen Leben, ja selbst in ihrem Arbeiten und Berufsleben. Da heißt es auch: Das Alte ist vergangen, siehe es ist Alles neu geworden, 2 Cor. 5, 7.

So hat sich also diese Predigt von Christo und dem Heilsweg des Glaubens je und allezeit bewährt, und bewährt sich fortan, wo sie verkündigt und ihr Einlaß gegeben wird. Auch die vielen christlichen Missions- und Wohlthätigkeitsanstalten verdanken wir dieser Predigt, und alle Theilnahme an diesen Anstalten. Keine Predigt hat sich noch so bewährt und keine wird sich auch in Zukunft so bewähren, wie diese. Es bleibt, was der Apostel sagt: Das Evangelium von Christo ist eine Kraft Gottes, selig zu machen Alle, die daran glauben.

Nachdem wir nun gehört haben, wie das Urtheil des Apostels nur für den Glauben und nicht für den Unglauben, noch für den Aberglauben ausgefallen ist, so wollen wir jetzt fragen:

Wie kommt man zu diesem Glauben? In den Glauben wird man nicht hineingeboren, sondern in den Glauben kommt man nur durch die Predigt, durch die Predigt von Christo und durch den h. Geist. Daher hat der Heiland das Predigtamt eingesetzt, und den h. Geist zur Einführung in die Wahrheit verheißen. Ohne Predigt und ohne den h. Geist kommt Niemand dazu, selbst mit der Bibel nicht, oder doch gewiß selten. Verstehst du auch, was du liesest? Apostelg. 8, 30, 31. Wenn nun das alte Testament vorzüglich das Gesetz zur Buße, so hat das neue Testament vorzüglich das Evangelium zum Glauben, zur Liebe und zum neuen Leben zu predigen. Das ist der Hauptunterschied zwischen jüdischer und christlicher Kirche. Das alte Testament oder die jüdische Kirche hatte vorzüglich das Gesetz zur Buße, das neue Testament oder die christliche Kirche vorzüglich das Evangelium zum Glauben und neuen Leben zu predigen. Denn Buße, Glaube und Liebe ist der Weg in Himmel oder in das Reich Gottes.

Es sind dies gleichsam drei Stiegen, auf denen man in Himmel und zur Herrlichkeit hinaufsteigt, Buße die erste, Glauben die zweite, Liebe und Heiligung mit guten Werken die dritte.

Zur Buße, oder auf die erste Stiege führte das alte Testament, und zuletzt noch der ihm angehörige Prophet, Johannes der Täufer.

Zum Glauben oder auf die zweite Stiege führte Christus, der Inhalt alles Glaubens sowohl des alten als des neuen Testaments, und ihm nach Paulus. Dieser Apostel war es dann auch noch besonders, der den Glauben ohne alle Werke als Bedingung zur Rechtfertigung und zur Seligkeit vertheidigte, Röm. 3, 28—31, Gal. 2, 16, und dies darum, weil sich Irrlehrer in seine Gemeinden eingeschlichen hatten, die da lehrten: man werde nicht durch Christum und durch den Glauben allein, ohne Beschneidung und Sakramente und ohne Verdienst der Werke gerecht und selig, sondern es werden auch Werke dazu erfordert, Irrlehrer, die christliche Soldaten machen wollten, nicht wie Paulus durch Buße und Glauben, sondern durch allerlei Werke und Kriegsthaten, die sie zu gleicher Zeit und noch vorher thun sollten.

Zur Liebe und Heiligung und guten Werken oder auf die dritte Stiege führten die übrigen Apostel, doch auch eben so Paulus. Zur Liebe führte besonders Johannes, zur Heiligung Petrus, zu Werken Jakobus.

Man kann nicht auf der ersten Stiege stehen bleiben, ohne auf die zweite und dritte zu steigen, sonst kommt man nicht zum Ziele und zur Herrlichkeit, wozu der Mensch verordnet ist. Zur Buße gehört Glaube und Liebe.

Man kann nicht auf die zweite Stiege steigen, ohne auf der ersten gewesen zu sein, auch nicht auf derselben stehen bleiben, ohne die dritte zu besteigen.

Man kann nicht auf die dritte Stiege steigen, ohne auf den zwei ersten gewesen zu sein. Keine göttliche Liebe oder keine Heiligung ohne Buße und Glauben.

Deßwegen predigte Christus und Paulus, wenn auch den Glauben hauptsächlich, doch auch Buße und Heiligung oder Liebe und gute Werke.

Deßwegen predigte auch Johannes, wenn auch die Liebe vorzüglich, doch auch Buße und Glauben.

Deßwegen predigte auch Petrus, wenn auch die Heiligung vorherrschend, doch auch Buße und Glauben. Und auch selbst Jakobus, wenn er gleich hauptsächlich die Werke predigt, will doch keine Werke ohne Glauben.

Eine Predigt der Buße, ohne Glauben und Werke wäre ein ABC ohne Lesen.

Eine Predigt von Glauben ohne Buße und Werke wäre todte Orthodoxie.

Eine Predigt von Liebe ohne Buße und Glauben wäre Gefühlschristenthum, Mysticismus, Schwärmerei, ein Luftschloß ohne Stiegen.

Eine Predigt von Heiligung ohne Glauben, wenn auch mit Buße, wäre Pietismus und seine eigene Gerechtigkeit.

Eine Predigt von Werken ohne Buße und Glauben wäre Eigengerechtigkeit und Pharisäismus; Rückschritt in Aberglauben und Unglauben.

Alle drei Stiegen sind gleichnothwendig, und müssen täglich und jedesmal zusammen bestiegen werden. Gottes Wort zeigt sie uns, der Geist Gottes nimmt am Arm und führt hinauf. Die Wichtigste ist die zweite, und muß am meisten gepredigt werden, weil darin die meiste Unkenntniß, Verirrung und Verwirrung ist, und weil man nur auf dieser zur dritten und zum Ziele kommt, oder weil aus dem Glauben allein die Liebe und alle gute Früchte kommen, solche Früchte und Werke nämlich, die vor Gott Giltigkeit haben.

Auf der zweiten Stiege oder auf dem Glauben sich zu halten, und darauf zu gehen, fällt dem Menschen am schwersten, darum muß er hier gespeist und gestärkt werden, sonst kommt er nicht weiter und zur dritten. Der Glaube ist der Mittelpunkt des ganzen Christenthums, und auch der Mittelpunkt der wahren christlichen Kirche. Hierher zum Glauben gehören die Stärkungsmittel oder die h. Sakramente; sie sind zwar nicht der Weg selbst, so daß man durch Sakramente in Himmel käme, doch sind sie nöthig, wie die Wirthshäuser links und rechts am Weg, nicht zum Zanken und Streiten, in welches man einkehren müsse, sondern zur Stärkung auf den Weg. Der Weg und das Gehen ist die Hauptsache, nicht die Wirthshäuser, obgleich sie auch nothwendig sind.

Ist der Mensch hier fest, so kommt er leicht die dritte Stiege hinauf in obern Stock zur Liebe und Heiligung. Andern Weg in Himmel giebt es keinen. Das Predigtamt ist dazu da, auf diese Stiegen zu führen, das neutestamentliche, um besonders auf die zweite und von dieser auf die dritte zu führen. Dazu ist den Dienern das Evangelium gegeben und anvertraut. Paulus sagt: Dafür halte uns Jedermann, nämlich für Christi Diener und Haushalter über Gottes Geheimnisse, 1 Cor. 4, 1. Solche Geheimnisse sind aber gerade das Evangelium, nicht das Gesetz. Das Gesetz oder die zehn Gebote oder auch das neutestamentliche Gesetz der Liebe, das Gesetz, daß man Gott in dem Nächsten lieben soll, das weiß Jedermann; aber das Evangelium ist Geheimniß. Das Gesetz ist in unser Herz geschrieben, nicht so das Evangelium. Das Geheimniß aller Geheimnisse ist die Liebe, nicht unsere Liebe zu Gott, sondern Gottes Liebe zu uns, Gottes Liebe, die in Christo offenbar geworden, in Christo sich an uns erwiesen hat, Gottes Liebe, die ihn trieb, die gefallene Menschheit wieder zu erlösen und neuherzustellen. Das größte Geheimniß aber ist das, wie dies geschehen solle und könne, wie es bei Gottes Heiligkeit und Gerechtigkeit geschehen könne und solle, wie die Menschen als Sünder gestraft und doch selig werden, wie sie aus der Herrschaft der Sünde erlöst und in Gottes Reich und Bild hinein verklärt werden könnten und sollten, das war das Geheimniß aller Geheimnisse, das war das Geheimniß, das von Ewigkeit her in Gott verborgen war; was aber Gott in seiner Weisheit schon vor der Welt verordnet hatte zu unserer Herrlichkeit, Col. 1, 26; 1 Cor. 2, 7. Wenn auch Gott dem Adam bald nach seinem Falle eine solche Verheißung gegeben hatte und sie auch später von Zeit zu Zeit erneuerte, so blieb doch das Wie verborgen, bis die Zeit erfüllet war. Jezt sandte Gott seinen eigenen eingebornen Sohn, der von Ewigkeit her in seinem Schoos gelegen war, das Wort wurde Fleisch, Joh. 1. Und nicht zum Lehrer und Propheten blos sandte Gott seinen Sohn, der die verirrten und verlornen Schaafe wieder zurechtführen sollte, sondern zum Erlöser und Heilande, zum großen Hohenpriester, der durch sein Leiden und Sterben unsere Sünden sühnen, und durch seinen Gehorsam bis zum Tode uns eine Gerechtigkeit erwerben sollte, die giltig vor Gott ist. Daher auch Jesus voll Verwunderung ausruft: Also hat Gott die Welt geliebet, daß er seinen eingebornen Sohn gab, auf daß Alle, die an ihn glauben, nicht verloren werden, sondern das ewige Leben haben, Joh. 3, 16. In der Sendung und Hingabe dieses seines Sohnes hat Gott, der in einem Lichte wohnt, wohin Niemand kommen kann, 1 Tim. 6, 16, sich selbst in seinem tiefsten innersten Wesen geoffenbaret, und das nicht blos den Menschen, sondern auch den Engeln im Himmel, und Alles zu sich versöhnet, Col. 1, 20. Man kann sagen: in der Hingabe seines Sohnes für die Menschen, für Sünder und Feinde, Röm. 5, 8—10, hat sich Gott in seiner Liebe erschöpft, denn größere Liebe als diese, giebt es nicht. Es will Einem dünken, Gott sei und lebe nur für die Menschen; er gleicht so zu sagen einer Sonne oder einem Feuermeer, oder einem Feuerberg, der nur Liebe, fortwährende heilige Liebe ausströmt, ein wohlthuendes Feuer für arme Sünder, ein verzehrendes für gottlose, eigengerechte und widerspenstige Menschen. Aber solche Liebe war nöthig, um die Menschen aus ihrem Fall und ihrer Sünde wieder aufzurichten, zu trösten und mit sich zu versöhnen. Wie unrecht thun daher diejenigen daran, die nur immer an dem zweiten Artikel des christlichen Glaubensbekenntnisses schütteln und rütteln, die nur immer die Gottheit Christi und die Versöhnung heraushaben wollen. Sie brechen dem Evangelium seine Spitze ab, und nehmen ihm seine Gotteskraft. Ein Evangelium, dem man die Gottheit Christi und die Versöhnung durch seinen Tod herausnimmt, gleicht einem Saamenkorn, dem man sein inneres Lebenskeimlein, woraus die neue Frucht wächst, abschnidt, es ist wohl noch ein Saamenkorn, aber es hat seine Lebens- und Zeugungskraft verloren und trägt nichts mehr. Wir wollen die Missions- und andere Wohlthätigkeitsanstalten sehen, die aus solchem Evangelium herauswachsen werden. Daher sagt der

Apostel: Verflucht sei, wer euch Evangelium anders predigt, denn ich euch gepredigt habe, Gal. 8, 9. Hätte Gott einen Engel, oder ein anderes erschaffenes heiliges Wesen der Ewigkeit gesandt, um uns zu erlösen, so wäre dies wohl Liebe, große Liebe gewesen, aber keine Liebe, die uns Gottes Vaterherz so aufgeschlossen, die uns in Noth und Tod so getröstet, im Kampf und in Verfolgungen so gestärkt und aufrecht erhalten, so zu Gott hingezogen und versöhnet, und uns so in den Stand gesetzet hätte, ihm ohne Furcht zu dienen in rechter Gerechtigkeit und Heiligkeit, wie diese; das vermag nur die Liebe Gottes in Christo Jesu. Daher rufen es uns die Apostel auch immer zu: Gott habe seines **eigenen**, seines **eingebornen** Sohnes nicht verschont, sondern ihn für uns Alle dahingegeben, und werde uns daher auch Alles mit ihm schenken, Röm. 8, 32; 2 Cor. 5, 20; 1 Joh. 4, 9. Das ist das große, von Ewigkeit her in Gott verborgene, in Christo geoffenbarte, anbetungswürdige und in alle Ewigkeit angebetete Geheimniß Gottes zu unserm Heil, ein Geheimniß, worin alle andern verborgen liegen, und welches aller Welt verkündigt, von den Dienern Christi und Haushaltern über Gottes Geheimnisse verkündigt und fortan geprediget werden soll.

Zu den Geheimnissen Gottes gehört dann auch die Liebe des Sohns, die Liebe, daß Christus der ewige Sohn Gottes, aus gleichem freien Liebestrieb zu uns, Mensch geworden ist, und uns nicht nur auf Gottes Wege geführt, sondern auch als das Lamm Gottes unsere Sünden am Kreuz getragen hat, ja daß er trotz den entsetzlichsten Leiden und Qualen an Leib und Seele und trotz alles Spottes und Hohnes der Menschen, dennoch, von Liebe gebunden, ruhig und geduldig am Kreuz hängen blieb, Gebet und Thränen Gott opferte, Hebr. 5, 7 und auch noch für die litt und bat, die ihn so grausam mißhandelten und töbteten; er ist, wie im ganzen Leben, so auch im Tode das volle Bild heiliger Liebe, das sichtbare Ebenbild des unsichtbaren Gottes.

Auch die Liebe Jesu Christi, und die durch ihn am Kreuz vollbrachte Erlösung gehört zu den Geheimnissen Gottes, die von den Dienern Christi verkündigt werden soll. Es ist dies das Geheimniß des Kreuzes, das Evangelium von Christo. Das Wort: Für uns, Für uns Blut geschwitzt, für uns gegeißelt, für uns gekrönt, für uns das schwere Kreuz getragen, für uns gekreuziget; ist das Hauptwort des ganzen Christenthums.

Zu den Geheimnissen Gottes gehört endlich noch die Liebe des heil. Geistes, der uns Christum im Herzen verklärt, und Buße und Glauben und neues Leben in uns wirkt, und uns so selig macht ohne all unser Verdienst und Würdigkeit, und heiligt nach Leib, Seele und Geist.

Diese Geheimnisse Gottes sollen von den Geistlichen des neuen Testamentes, als den Haushaltern Gottes, ausgetheilt, in Wort und Sakrament aus- und zugetheilt werden. Mit Glauben sollen sie den Zuhörern verkündigt, mit Glauben von ihnen an- und aufgenommen werden. Aus dem Glauben des Predigers sollen sie kommen in den Glauben der Zuhörer; im h. Geist sollen sie verkündigt und im und durch den heil. Geist aufgenommen werden. In solche Herzen besonders sollen sie hineingesprochen und ihnen zugetheilt werden, die leer sind, die nicht mehr von der Sünde, und nicht mehr von der eigenen Gerechtigkeit angefüllt sind, bei denen es im Ernst heißt: Hinaus mit der Sünde aus dem Hause des Herzens, hinaus mit Stolz, mit Zank und Streit, mit Händel und Processen, mit Haß und Feindschaft; hinaus mit Geiz, mit Betrug und Diebstahl und mit aller Ungerechtigkeit; hinaus mit Fleischeslust, mit Fressen und Saufen, mit Hurerei und Ehebruch; aber auch hinaus mit aller Einbildung auf eigene Tugend und Werke, auf Kirchengehen und Beten und auf alle Rechtschaffenheit und eigene Gerechtigkeit. In solche leere Herzen soll die Liebe Gottes, des Vaters und unsern Herrn Jesu Christi vor allen andern hineingesprochen und ihnen zugetheilt werden. Sie ist das höchste Ziel des Menschen. Sie ist das Abendmahl des Herrn, das Brod des Lebens, ja das Leben selbst, sie ist die Gerechtigkeit, die vor Gott gilt, sie ist das hochzeitliche Kleid, in welchem wir vor Gott erscheinen können, sie ist das Licht des Menschen in Zeit und Ewigkeit. Unsere Seele hat an sich kein Licht, kein ewiges Licht, sie ist durch die Sünde finster und verfinstert geworden. Sie ist dem Monde gleich, der sein Licht von der Sonne empfängt. Zwar so lange wir in diesem Leben sind, bemerken wir das nicht, durch das Licht der Sonne, und durch so viele andere Vergnügungen vergißt die Seele, daß ihr das Licht, das wahrhaftige und ewige Licht fehlt; allein wenn im Tode das Aug erlischt, und die Sinne ersterben, so verliert sie das Sonnenlicht und die Lust der Welt vergeht; da bemerkt sie erst, daß ihr das wahre Licht fehlt, und erlangt sie das nicht, wird die Liebe Gottes und unsers Herrn Jesu Christi, wird diese Kreuzesliebe ihr nicht mehr zu Theil, so ist sie finster und todt, und geht hinüber in ewige Finsterniß und in ewigen Tod, wo ihr Wurm nicht stirbt und ihr Feuer nicht verlöscht, Marc. 9, 44. Darum ist auch unser letzter Wunsch und Gebet an den Gräbern der Unsrigen: Herr gieb ihnen die ewige Ruhe und das **ewige Licht** leuchte ihnen. Diese Liebe Gottes und Jesu Christi, vom Kreuze herab ausgegossen in unsere Herzen, ist auch die Liebe, mit welcher wir Gott und alle Menschen lieben sollen, nicht unsere eigene angeborene Liebe ist es, mit der wir es sollen und können, sondern diese heilige Gottesliebe; sie ist es, die alle guten Werken in sich enthält und thut, 1 Cor. 13. Sie macht uns zu Gottes-Knechten und zu freien Leuten, zu Leuten, die frei von der Sünde und dem Gesetze und doch Thäter des Gesetzes sind, Röm. 8, 2, Gal. 5, 18. Sie ist auch des Menschen einziger Trost im Leben und im Sterben. Daher hat man auch alle Kranke in Noth und Tod von ihren Sünden und von ihren Tugenden weg, allein auf Christum den Gekreuzigten und auf diese Liebe des Vaters und des Sohnes hinzuweisen. Diese Liebe ist die Saat, die in alle Herzen, besonders in alle bemüthige und zerschlagene Herzen, eingesäet werden muß. Sie ist das Lebenselement des Christen, wie das Wasser es dem Fische ist. Paulus sagt: Ich lebe, doch nun nicht ich, Christus lebet in mir, und was ich noch lebe im Fleische, das lebe ich im Glauben des Sohnes Gottes, der mich geliebt, und sich für mich gegeben hat, Gal. 2, 20. Und wieder: Christus ist mein Leben, und Sterben mein Gewinn, Phil. 1, 21. Dies ist es nun, was von allen Geistlichen des neuen Testamentes geprediget und fortan geprediget werden soll; das sind die Geheimnisse Gottes, die sie auszutheilen haben.

Wo dieses Evangelium rein und lauter verkündigt wird, dort wird auch Glauben entstehen, wenn nicht bei Allen, doch bei Vielen, wenn nicht gleich äußerlich sichtbar und lebendig, doch innerlich wohnend und im Stillen arbeitend. Nicht alle Saaten gehen zugleich auf. Leer kommt Gottes Wort aber nirgends zurück, Jsr. 55, 11. Wo es dagegen nicht rein und lauter gepredigt wird, wo man durch Gesetz und Werke und nicht ohne Verdienst als armer Sünder durch den Glauben die Gnade und die Gerechtigkeit erlangen soll, dort wird höchstens todte Orthodoxie und Aberglauben und nach und nach eine leere Kirche entstehen, mit todten Formeln wollen die Leute nicht gespeist werden; wo es aber gar nicht gepredigt wird, dort wird Alles bei aller Aufklärung in Blindheit und Finsterniß versinken. Christus und sein Evangelium ist und bleibt das Licht der Welt. Traurig, wenn es heißt: Oben blind und Unten blind. Js. 56, 11, Jer. 10, 21. 23. 25, 34. Ez. 34.

Aber auch selbst, wenn es an der Predigt von den Geheimnissen Gottes nicht fehlt, wird doch von denen, die zum wahren Glauben in ihrem Herzen kommen und darin erhalten und gefördert werden wollen, noch vieles erfordert, damit es geschehe; es wird erfordert ein fleißiges Besuchen der Kirchen, wo Gottes Wort rein und lauter verkündiget wird, ein fleißiges Lesen der h. Schrift in Hausgottesdiensten, und ein ernstliches Gebet um den h. Geist. Wo gesäet wird, muß auch die Saat eingeegt werden. Der Heiland sagt: Ringet darnach, daß ihr durch die enge Pforte eingehet, denn viele werden, das sage ich euch, darnach trachten, wie sie hineinkommen, und werden es nicht thun können, Luc. 13, 21. Wer dies nicht thut, kann leicht verlieren, was er hat, und entweder in Aberglauben oder in Unglauben verfallen; denn abwärts geht es leichter als aufwärts; auf Nichts hat der Mensch seine Sache eher gebracht als zu etwas; banquerott und ein Lump ist er eher geworden, als ein reicher Mann. David sagt: Ich habe Lust zu deinen Zeugnissen, die sind meine Rathsleute, Ps. 119, 24. Und wieder: Wohl dem, der nicht wandelt im Rathe der Gottlosen, noch tritt auf den Weg der Sünder, noch sitzet, da die Spötter sitzen, sondern hat Lust zum Gesetze des Herrn, und redet von seinem Gesetz Tag und Nacht, Ps. 1, 1. 2. So viel ist gewiß, daß ohne selbst eigenes Forschen und Lesen der heil. Schrift und ohne Gebet um den h. Geist Niemand große Fortschritte in den Wegen Gottes machen wird. Auf die Kirche und die Priesterschaft allein soll und kann er sich nicht verlassen und dies um so weniger, da man auch bei Vielen von den Geheimnissen Gottes wenig oder nichts hört, sondern Jahr aus und Jahr ein, Gesetz und wieder Gesetz wie man leben und wandeln soll. Da ist um so mehr noth, die h. Schrift zu lesen, um die Gotteskraft zum heiligen Leben darin zu finden und zu erhalten.

So hätten wir denn jetzt gesehen, wie man zum Glauben, und vom Glauben zur Liebe und zum neuen Leben, wie man auf die zweite und von der zweiten Stiege zur dritten kommt. Prediger nun, die zu diesem Glauben und neuen Leben durch das Evangelium einst führten, und Leute, die sich darauf führen ließen, und in diesen Wegen wandelten, machten von Anfang die christliche Kirche aus, sie war eine Gemeinschaft der Gläubigen und Heiligen, die Einen waren die Arbeiter oder

Mitarbeiter Gottes, die **lehrende Kirche**; die Andern waren das Ackerfeld, die **hörende Kirche**. So war die erste Kirche am Pfingstfeste, und so blieb sie auch im Anfang, denn es trat Niemand hinzu, der nicht lebendig überzeugt und vom Geiste Gottes getrieben war, um der Verfolgungen willen; denn es galt Amt und Ehre, Hab und Gut, Leib und Leben. Dies Alles mußte überschlagen und in Rechnung genommen werden, wenn man ein Christ werden wollte, Luc. 14, 28. Die erste Kirche bestand also aus lauter bekehrten, oder gläubigen Leuten. Das war ein priesterliches Volk, und da konnte man reden von einem allgemeinen Priesterthum, denn sie waren Alle bemüht sich und Andere Gott zu opfern. Vollendet waren sie freilich nicht, denn es gab noch viele Kranke, Schwache und Gebrechliche, ja noch grobe Sündenfälle unter ihnen; die Kirche war ein Spital, wo der Heiland immer den Arzt machen mußte; und doch war zwischen ihnen und Andern ein großer Unterschied, wie zwischen Wald und Feld, oder zwischen gebautem und ungebautem Feld; auch der beste Kornacker hat noch Unkraut, die Kirchenzucht rauft es aus.

Obgleich nun Alle bekehrt waren, so gab es doch Unterschiede unter ihnen, die Einen waren in Erkenntniß und Gnade weiter, die Andern weniger weit. Der Heiland gibt acht Stufen der Seligkeit an, Mtth. 5, 3—11. Wer Soldat ist gehört zum Kriegsherr, und doch ist er noch nicht General; er kann es aber werden, die Andern nicht. Die Geförderteren wurden nun zu Aemtern bestellt, je nach ihren Gnadengaben.

Das war die erste christliche Kirche, die Urkirche, eine Kirche des Glaubens, und diese ist auch immer die wahre christliche Kirche, sie mag groß oder klein sein, eine Parthie oder Secte heißen, Apost. 24, 14; der Heiland nennt sie die kleine Heerde, und ihr und ihr allein gelten alle Verheißungen der h. Schrift, die Verheißung des h. Geistes, der Unfehlbarkeit, der ewigen Dauer, Joh. 16, 19, 20, 22, Matth. 16, 18, 1 Tim, 3, 15, Luc. 12, 32.

So war die christliche Kirche von Anfang; so aber blieb sie nicht; zum Glauben kam der Aberglaube. Die ersten Spuren zeigten sich schon in den apostolischen Zeiten. Schon der Apostel Paulus eifert gegen Lehrer, die sich neben einschleichen, den gesetzlichen Heilsweg einführen, und durch Gesetze und äußerliche Gebräuche Gnade erlangen wollten, Röm. 16, 17. 18, Eph. 4, 14, 2 Cor. 2, 17, Col. 2, 4, 2 Pr. 3, 17, Matth. 24, 24. Ihr habt Christum verloren, sagt er in seinem Galater Brief, die ihr durch das Gesetz gerecht werden wollt, und seid aus der Gnade gefallen, Gal. 5, 4. 1, 6—9. So lange er lebte, hielt er es auf, aber nach seinem Tode drang diese Lehre immer mehr ein, und wurde endlich allgemein. Da hieß es nicht mehr: Umsonst und aus Gnaden selig durch Christum und den Glauben, sondern durch gute Werke zu Christo und zur Seligkeit. Da hieß es nicht mehr: Ich glaube an Jesum Christum, seinen eingebornen Sohn unsern Herrn, sondern ich glaube und vertraue auf meine guten Werke. Zwar das Was des Glaubens, die Lehre von Christo, von seiner Gottheit und Erlösung behielt man fest bei, aber das Wie des Glaubens, der Heilsweg war verändert. Durch Werke wollte man zu Christo und seiner und Gottes

Gnade kommen. Das war die zweite Kirche, die Kirche des Aberglaubens, auch diese eignete sich alle Verheißungen zu und verfolgte die erste und wahre, die Kirche des Glaubens.

Weil aber durch des Gesetzes Werke kein heiliger Geist erlangt wird, Gal. 3, 2, so hatte man kein priesterliches Volk. Dies verschaffte man sich auf einem andern Weg, man verschaffte es sich dadurch, daß man junge Leute, die studiert hatten, weihete, und ihnen so den heiligen Geist einweihete. Diese wurden nun zu Aemtern bestellt, und hießen Geistliche, die Andern Layen. Nur die Geistlichen machten die eigentliche christliche Kirche aus, und hatten Sitz und Stimme in Religionsangelegenheiten; die Andern die Layen hatten nur zu glauben und zu thun, was diese sagten und lehrten. Um aber noch ein größeres priesterliches Volk zu haben, errichtete man Klöster, und weihte Männer und Frauen zum priesterlichen Volk. Das war die neuentstandene, die zweite christliche Kirche, die Kirche des Gesetzes oder des Aberglaubens.

Zu dieser zweiten soll nun noch eine dritte kommen, die Kirche des Unglaubens. Diese unterscheidet sich in dem Was und Wie des Glaubens von den beiden Obern. Von dem allgemein christlichen Glaubensbekenntniß nimmt sie nur den ersten Artikel ganz und völlig an, den zweiten und britten mit vielen Abweichungen und andern Erklärungen. Ihr Wie oder ihr Heilsweg ist die allgemeine Liebe. Zu dieser Höhe hinauf steigt sie aber ohne die untern Stiegen der innern vom h. Geiste gewirkten Buße und ohne diesen Glauben. In ihr ist alles Volk priesterlich, nicht blos die vom h. Geist erleuchteten Glieder, Lehrer und Führer. „Ihr macht zu viel, denn die ganze Gemeine ist überall heilig und der Herr ist unter ihnen, warum erhebt ihr euch über die Gemeine des Herrn", 4 Mos. 16, 5. Ihr Priesteramt üben sie aus durch Lob des Guten und Tadel des Bösen in der Gemeinde und öffentlich in der Presse, in Zeitschriften und Zeitungen.

Obgleich nur die Kirche des Glaubens allein die wahre Kirche Christi ist, so sollen doch die Andern nicht ausgeschieden werden, weil sie aus einem Vaterhause sind, und dies nie ganz vergessen können, und weil auch unter dem Unkraut noch Weizen ist, Matth. 13, 27—30. Paulus und noch viele Tausende nach ihm sind aus Unkraut Weizen geworden.

So hat also die wahre Kirche Gottes, die Kirche des Glaubens, Aberglauben und Unglauben unter sich, und weil diese groß und mächtig sind, und auch eine Kirche bilden und allein die wahre Kirche sein wollen, so gab es von jeher viel Kampf und Streit. Die Kirche des Herrn mußte sich immer herumschlagen mit Aberglauben und Unglauben, und dieser Kampf wird dauern bis der Herr kommt und sein Reich sichtbar auf Erden aufrichtet.

Wir reden nun

Von den Kämpfen des Glaubens oder der wahren Kirche Gottes.

Den ersten Kampf hatte der Glaube oder die Kirche des Glaubens mit dem Aberglauben, und zwar mit dem jüdischen Aberglauben, oder mit der jüdischen Kirche, die zu Christi und der Apostel Zeiten ganz im Gesetz und im Aberglauben stand. Die jüdische Kirche war die rechte

Kirche Gottes des alten Testamentes. Sie hatte das Was des Glaubens nach dem alten Testamente recht; sie glaubte an Gott den Vater, allmächtigen Schöpfer Himmels und der Erde; sie glaubte an den Messias, der kommen sollte und Israel erlösen von allen seinen Sünden, Ps. 130, 8, Js. 53, sie glaubte an den h. Geist, so weit die Offenbarungen des alten Testamentes gingen. Soweit hatte sie Alles recht. Was das Wie oder den Heilweg anging, so trug ihre Kirche wohl auch diese Lehre richtig in sich, denn sie waren ja Kinder Abrahams, des Vaters der Gläubigen; allein dies ist der schwere Weg, und auf diesem erhielten sich Priester und Volk nie lange. Immer fielen sie ins Gesetz und seine Werke zurück und wollten auf diesem Weg zur Gnade kommen. Ihre Buße bestand bald in äußerlicher Besserung, in guten Vorsätzen, in Kleiderzerreißen, Asche aufs Haupt streuen und dergleichen, und ihr Glauben in dem Festhalten an den Buchstaben der h. Schrift, im Vertrauen auf ihre bessere Erkenntniß von Gott, auf ihren Gottesdienst, auf den Vorzug, daß sie Gottes Volk sind, und auf ihre äußerliche Beobachtung göttlicher und kirchlicher Gebote, gesetzlicher Heilsweg. Von innerlicher Buße und Glauben, worin ihre Väter lebten, wußten sie wenig mehr. Es kamen wohl von Zeit zu Zeit Propheten, die sie wieder auf den rechten Weg führten, allein sie wurden verfolgt und getödtet, und Priester und Volk schlugen bald wieder den alten Gesetzesweg ein, auf dem Alles mehr in Finsterniß und Verderben gerieth, denn das Gesetz fordert blos, giebt aber keine Kraft, Gal. 3, 21. Endlich, nachdem Jahrhunderte kein Prophet mehr da war, und das Was des Glaubens so mit Gesetzen, Aufsätzen und Werken überdeckt war, daß es unmöglich mehr aufgehen und Fruchttragen konnte, kam der Heiland selbst, und nahm sich seiner Kirche an. Johannes der Täufer ging voran, bereitete ihm den Weg, und kündigte ihn an. Nachdem dieser durch die Sünde eines Weibes und durch die fleischliche Lust und falsche Scham eines Großen hinweggeräumt war, trat Christus selbst ein. Durch Wunder und Zeichen bewies er sich als den Verheißenen, und lud sein Volk auf das liebreichste ein, zu Ihm zu kommen, an Ihn zu glauben, sein Abendmahl genießen und sich aus ihren Sünden erlösen zu lassen; allein sie wollten nicht, Matth. 23, 37; er war ihnen zu gering, zu niedrig, zu arm, und wollte sie auf einen Weg führen, der dem entgegen war, den die Priester sie führten, und doch hieß es von ihnen, die Priester können nicht irren im Gesetz, Jer. 18, 18. Endlich sprachen die Priester untereinander: Das ist der Erbe, kommt laßt uns ihn tödten, und sein Erbgut an uns bringen, Matth. 21, 38. So wurde Christus gekreuzigt. Noch ein Versuch wurde mit dem Volk der Juden gemacht durch die Apostel nach des Heilandes Tod, allein sie blieben das eigensinnige und halsstarrige Volk, das nicht von seinen Wegen lassen und auf Gottes Wegen gehen wollte, und verfolgten und tödteten auch die Apostel und Viele der ersten Christen. Da nun das Maaß ihrer Sünden voll, und das Häuflein der Gläubigen hinlänglich geprüft und geläutert war, so kamen Gottes Gerichte. Der Unglaube mußte den Aberglauben züchtigen und strafen, der Unglaube, der immer die Zuchtruthe Gottes dort ist, wo der Glaube gehindert und verfolgt durch fleischliche Waffen, sein Werk und seine Arbeit nicht thun darf. Es kamen die Römer und zerstörten Kirche und Staat. So war der Aberglaube besiegt und die Kirche Gottes hatte Freiheit.

Doch nicht lange dauerte die Ruhe und der Friede, es kam der zweite Feind, der **Unglaube** und hier der heidnische Unglaube oder das Heidenthum.

Der Unglaube ist zwar nicht so verfolgungssüchtig wie der Aberglaube, er hat Richtungen und läßt verschiedene Richtungen zu, was der Aberglaube und der Glaube nicht thut; er läßt Jeden seinen Weg gehen, und auf seine Weise selig werden, er hat ein weites Herz; überhaupt kommt es ihm auf den Glauben nicht so sehr an, wenn nur Jemand ein rechtschaffener Mann ist; nur verlangt er, daß man auch ihn ruhig und ungestört seinen Weg gehen lasse, und auch seine Richtung anerkenne, sonst wird er auch aufgebracht und verfolgend, und oft grausamer als selbst der Aberglaube. Nun kann aber der Glaube weder den Aberglauben noch den Unglauben seinen Weg gehen lassen, denn er hat eine Mission, eine Mission unter Juden und Heiden, ja selbst unter dem Aberglauben und Unglauben der Christen. Geht in alle Welt, sprach der Heiland zu seinen Jüngern und predigt das Evangelium aller Kreatur, Marc. 16, 15, 16. Und was er zu ihnen sagte, geht Alle diejenigen an, die mit ihnen in einem und dem nämlichen Glauben stehen, und somit ihre **rechten Nachfolger** sind. Und wiederum sagt er zu seinen Jüngern: Ihr seid das Licht der Welt, Niemand zündet ein Licht an und stellt es unter den Scheffel. Daher lasset euer Licht leuchten vor den Menschen, daß sie eure guten Werke sehen, und euren Vater im Himmel preisen, Matth. 5, 13—16. Und Paulus sagt: Ihr seid das auserwählte Geschlecht, das königliche Priesterthum, das heilige Volk, das Volk des Eigenthums, daß ihr verkündigen sollt die Tugenden deß, der euch berufen hat von der Finsterniß zu seinem wunderbaren Licht, 1 Petr. 2, 9. Das geht wieder den Glauben, nicht den Aberglauben, noch den Unglauben an. Und der Heiland sagt, daß dem sein Pfund genommen wird, der es vergräbt, Luc. 19, 24. Und Paulus sagt: Daß ich das Evangelium predige, darf ich mich nicht rühmen, denn ich muß es thun, und wehe mir, wenn ich das Evangelium nicht predige, 1 Cor. 9, 15.

Der Glaube darf also nicht Jeden seinen Weg gehen lassen. Die Kirche des Glaubens ist eine Missionskirche, und hat den Auftrag, alle Menschen auf den **einen** allein wahren biblischen Weg, auf den Weg der Buße, des Glaubens an unsern Herrn Jesum Christum, und durch diesen Glauben in die Liebe zu führen. Sie kennt keine verschiedenen Richtungen und Wege, sondern nur **Eine Wahrheit** und **Einen Weg** zum Himmel.

Vermöge dieses Auftrags konnten also die Apostel und die ersten Christen den Unglauben oder die Heiden nicht ihre Wege gehen lassen, und ließen sie sie auch nicht gehen, sondern predigten und zeigten ihnen den rechten Weg zum Himmel. Und ihre Predigt und ihr Zeugniß blieb nicht ohne Segen. Viele Heiden kamen zur Bekehrung. Wie viele Gemeinden hat Paulus gestiftet! Was die Juden verwarfen, nahmen die

Heiden mit Freuden an. Doch auch ohne Kampf sollte es hier nicht abgehen. Es empörten sich die Weisen und Gelehrten, die Reichen und Mächtigen, die Fürsten und Hohen, und rathschlagten miteinander wider den Herrn und seinen Gesalbten, Ps. 2. Sie gebrauchten zuerst die gewöhnlichen Waffen des Unglaubens, **hohe Reden menschlicher Weisheit, Verachtung, Spott und Hohn.** Da aber diese nimmer ausreichen wollten, und die Zahl der Gläubigen immer zunahm, und sie sich gerichtet sahen in ihren Wegen, so griffen sie auch zu blutigen Waffen, und zwar zu allen, welche menschliche Bosheit nur erfinden konnte. Hatte der jüdische Aberglaube der Märtyrer viele gemacht, der heidnische Unglaube machte derselben noch mehr; so daß, wenn nicht die Verheißung gegeben wäre, die Pforten der Hölle sollen sie nicht überwältigen, Matth. 16, 18, man hätte befürchten müssen, die Kirche würde untergehen. Doch endlich wurde auch dieser Feind überwunden, und dies durch die Waffen des Geistes. Im Unglauben kann sich kein Mensch lange halten, er steht auf freiem Feld, jede Kugel trifft. Der Glaube siegte. So waren also beide Feinde, Aberglauben und Unglauben, Judenthum und Heidenthum überwunden, und der Glaube hatte Freiheit und Frieden.

Doch lange sollte auch dieser Friede nicht dienen, es kam ein neuer Feind, und zwar ein gefährlicherer, als diese beide; es kam der **christliche Aberglaube.**

Der christliche Aberglaube hatte mehr als der jüdische, er hatte das ganze christliche Glaubensbekenntniß mit allen seinen drei oder zwölf Artikeln, und er hielt so fest daran, daß er in seiner Machtzeit vielleicht Jeden, der sich wider die Gottheit Christi, oder die Erlösung, oder wider den h. Geist Lehren und Reden würde erlaubt haben, wie wir sie jetzt oft hören und lesen, mit den strengsten Strafen würde bestraft haben. An dem Was fehlte es ihm nicht, aber an dem Wie, an dem Heilsweg, oder an dem Glauben im Menschen, er hatte den gesetzlichen Heilsweg. Durch Werke sollte der Mensch selig, durch Werke herrlich werden; durch Werke Soldat, durch Werke General werden. Weil man nämlich hörte und las, wie in früheren Zeiten fromme Gottesmänner, die aber durch Buße und Glauben selig oder christliche Soldaten geworden waren, nachher durch Werke der Buße und des Glaubens der Heiligung und der Herrlichkeit nachjagten; so fiel man im eigenen Geiste darauf und wollte durch Werke beides werden, durch Werke selig und durch Werke herrlich. Ehe man durch Buße und Glauben Soldat geworden war, wollte man durch Werke Soldat und General werden. Das war der verkehrte, unbiblische und gesetzliche Heilsweg. Daraus entstanden nach und nach die verschiedenen Klöster. Die Einen wollten dem Augustinus nachahmen, sie hatten aber seine Buße und seinen Glauben nicht, sondern wollten durch seine Werke selig und herrlich werden, En. 19, 17, Offenb. 1, 6 = 20, 6. Das waren die Augustiner. Andere wollten dem Franziskus nachahmen, und durch seine Werke selig und herrlich werden, das waren die Franziskaner. Die Dritten wollten dem Bernhardus nachahmen, und wollten durch seine Werke selig und herrlich werden; das waren die Bernhardiner. Und so gab es eine

Menge von männlichen und weiblichen Klöstern, die immer durch die Werke dieses oder jenes Heiligen Seligkeit und Herrlichkeit erlangen wollten. Der Ernst und Eifer von Vielen ist nicht zu verkennen, aber der Weg war nicht mehr der Weg ihrer Heiligen, sondern es war ein unbiblischer, es war der gesetzliche Heilsweg. Das waren die Führer, wie sollte jetzt das Volk sein? das Volk, das läuft, wie es geführt wird, 1 Cor. 12, 2. An diesen Leuten sah es hinauf, sie waren seine Heiligen und Vorbilder.

Zwar lehrte man auch noch Buße und Glauben an Christum als den Weg zum Himmel, allein die Buße bestand größtentheils in äußeren Werken, in äußerlicher selbstgemachter Reue, in Besserung, im Beichten, in guten Vorsätzen, und in andern selbst oder von der Kirche erfundenen und empfohlenen Werken, wodurch man mit Christo Sünden büßen, und in Gemeinschaft seiner Leiden und seines Verdienstes kommen wollte. Manche, die noch inniger in die Gemeinschaft seiner Leiden eintreten und für ihre Sünden büßen, auch einen höheren Grad im Himmel erlangen wollten, ahmten ihm in seinen Leiden nach. Wie er strenge gefastet hatte, fasteten sie, wie er Tag und Nacht im Gebet zugebracht hatte, hielten sie Nachtwachen im Gebet; wie er gegeißelt wurde, geißelten sie sich; wie er das schwere Kreuz getragen hatte, trugen sie schwere Kreuze auf Wallfahrten; wie er gekreuzigt wurde und am Kreuze starb, wollten sie ihre alten Menschen kreuzigen und ganz und gar zernichten und zerstören. Durch solche Bußwerke wollte man Buße thun, und an Christi Leiden besondern Theil erlangen. Das war ihre Buße. Was den Glauben anging, so bestand er nur in einem Fürwahrhalten der Lehren Gottes und der Kirche, und in einem Thun nach diesen Lehren. Durch dieses Glauben und Thun wollte man dann in eine Gemeinschaft mit Christi Verdienst und Gerechtigkeit kommen, und daran Theil erlangen. Zu solchen guten Werken gehörten denn außer den von Gott gebotenen die von der Kirche geordneten und empfohlenen, als Kirchengehen, Beten, Singen, Kreuzmachen, Wallfahrtengehen, Heilige ehren und anrufen, Ablässe lösen, wodurch man auch noch an den überflüssigen Verdiensten von Heiligen Theil bekam, Stiftungen machen, an der Kirche festhalten, selbst Ketzer ausrotten und verbrennen, dies Alles waren gute Werke, wodurch man nicht nur den Himmel, sondern einen höheren Grad im Himmel verdienen konnte; und das Alles fest für wahr halten war ihr Glaube, ihr seligmachender Glaube. Von innerlicher Buße und innerlichem Glauben, der Christum und sein Heil zur Seligkeit aufnähme, wußte man wenig mehr. Da ward Christus und sein Evangelium so zugedeckt, und mit dem Schutt guter Werke beladen, daß sein Lebenskeimlein, daß seine und des Vaters Liebe unmöglich mehr herauskommen, und irgend noch eine wahre und gesunde Frucht tragen konnte. Die Perle oder der Schatz war im Acker vergraben, Matth. 13, 44. Die Gnaden selbst, für welche man sich durch solche Buß- und Glaubens-Werke würdig gemacht hatte, konnte man nur durch Sakramente und durch die Priester empfangen. In der Taufe wurde man wiedergeboren, in der Firmung im Glauben bestärkt, in der Beicht in die Taufgnade zurückversetzt, im Abendmahl zu guten Werken gespeist, in den besondern

Sakrament, als in der letzten Oelung, zum Todeskampf gestärkt, in der Priesterweihe zur gesegneten Führung des priesterlichen Standes und in der Ehe zur gesegneten Führung des Ehestandes begnadigt. So ging und wurde Alles erlangt durch äußerliche Werke; und die ganze Predigt bestand größtentheils in Ermahnungen zum Festhalten an der Kirche und ihren Lehren, und zum Thun darnach. Es kamen wohl von Zeit zu Zeit Kirchenväter, wie im alten Testamente Propheten, die wieder in die inneren Wege der Buße und des Glaubens an Christum zurückführen wollten, allein ihre Arbeit war von kurzer Dauer, und die Priesterschaft führte bald Alles wieder in diesen gesetzlichen Weg. Endlich erhielt die Kirche noch ein Haupt im Pabst und da hörten die Kirchenväter ganz auf. Jetzt wurde der gesetzliche Weg allgemein angenommen und festgesetzt, und der andere verfolgt. Zu den vielen gesetzlichen Werken und Andachten und Heiligen und Wallfahrten und Festen kamen immer noch mehrere, bis auf das Fest der unbefleckten Empfängniß oder der Sündlosigkeit Mariens herab. Jeder Pabst wollte etwas Neues einführen und so seinen Namen verewigen.

Dies Alles wäre nicht so geschehen, wenn man nach der Anweisung Christi das Evangelium geprediget und in Christo dem Gekreuzigten die Liebe Gottes des Vaters und unsers Herrn Jesu Christi gezeigt hätte. Da wäre das Herz durch solche Liebe gedemüthigt und gebeugt, aber auch durch den Glauben selig gemacht worden, und sie selbst hätte sich immer mehr ausgegossen in das Herz zur Liebe gegen Gott und den Nächsten und zu einem neuen Leben; kurz man wäre auf den wahren innern biblischen und evangelischen Heilsweg gekommen und darauf geblieben. Damit wären aber auch alle diese gesetzlichen Werke und Andachten zur Seligkeit, und aller Heiligendienst und ihre Anrufung und alle Wallfahrten und Feste zusammengefallen, und der Herr allein hätte wieder seine Ehre erhalten. Wer kann uns auch mehr lieben, als der, welcher sein Leben für uns gegeben hat, und der uns nicht zu Andern, nicht zu Heiligen, sondern zu sich ruft, indem er spricht: Kommet her zu mir Alle, die ihr mühselig und beladen seid, ich will euch erquicken, Matth. 11, 28. Man mache nur aus Christus keinen Moses zur Furcht. So viel Schein auch diese Werke haben, und so viel Ernst und Selbstverleugnung bei manchen ist, so liegt doch, wie bei allem gesetzlichen Heilsweg, ein stolzes und eigengerechtes Herz zu Grunde. Es würden auch heute alle diese gesetzlichen Werke und Andachten zur Seligkeit wieder zusammenfallen, wenn das Evangelium von Christo dem Gekreuzigten rein und lauter verkündiget und die Geheimnisse Gottes aus- und zugetheilet würden.

Bis jetzt geschahen die Veränderungen und Abweichungen jedoch nur in dem Wie des Glaubens, nach und nach geschahen sie aber auch in dem Was, in dem zweiten Artikel des christlichen Glaubensbekenntnisses, in dem Glauben an unsern Herrn Jesum Christum; und sie geschahen durch die 1215 neu eingeführte **Verwandlungslehre** beim h. Abendmahle. Es wurde nämlich seit dieser Zeit gelehrt und zu lehren befohlen, daß, wenn der Priester die Worte über das Brod oder die Hostie spricht: das ist mein Leib, solches Brod alsbald aufhöre Brod zu seln, und verwandelt werde in den wahren lebendigen Leib Christi, oder daß es Christus sei mit Fleisch und Blut, mit Gottheit und Menschheit, so wie er auf Erden lebte, und jetzt im Himmel ist. Solcher Verwandlungen geschehen in der Welt täglich Tausende, und überall ist es Christus mit Leib und Seele, mit Gottheit und Menschheit. Der zweite Artikel des apostolischen Glaubensbekenntnisses heißt also jetzt auch: Ich glaube, daß diese verwandelte Hostie Jesus Christus ist, der eingeborne Sohn Gottes, der empfangen ist vom h. Geist, geboren von der Jungfrau Maria, gelitten unter Pontio Pilato 2c.

Man läßt diesen Christus auch, so viel möglich, Alles das thun, was er einst auf Erden that.

Wie er damals die Kinder und seine Jünger segnete, so wird jetzt von und mit ihm oder mit dieser Hostie bei feierlichen Gottesdiensten durch die Hand des Priesters dem Volk der Segen ertheilt.

Wie er sich damals für die Sünden der Welt Gott opferte, so opfert er sich jetzt täglich durch die Hände der Priester in tausend und tausend Messen für die Sünden der Menschen, der Lebenden und der Verstorbenen.

Wie er aber auch damals von Vielen, die ihn erkannten, verehrt und angebetet wurde, so wird er auch jetzt von Allen denen, die ihn in dieser Hostie erkennen, verehrt und angebetet, verehrt und angebetet durch Kniebeugen, Niederknien und Brustklopfen, verehrt und angebetet in Processionen, besonders am Fronleichnamstage.

Zu Bezeugung des Glaubens, daß hier eine Verwandlung vorgehe, und das Brod der wahre lebendige Leib Christi sei mit Fleisch und Blut, Gottheit und Menschheit, hat man auch den Layen den Kelch entzogen, indem man vorgab, in einem lebendigen Leib sei auch Blut, und so habe man in Einem Theile beides. Nur zum Opfern noch wird der Kelch gebraucht.

Dies Alles geschah durch diese Verwandlungslehre.

Eine Verwandlung geschieht nun zwar wohl beim h. Abendmahle, aber keine solche, keine wesentliche, es geschieht keine andere, als im bürgerlichen Leben oft auch geschieht und vorkommt. Wenn ein reicher, für sich allein stehender Mann bei seinem Tode sein Vermögen den Seinigen eigenthümlich zutheilen will, so thut er dies durch ein Testament. Der dazu verordnete bürgerliche Beamte, der gerufen wird, legt sich nun seine Papiere zurecht, ein= oder zweierlei, je nachdem das Vermächtniß in einer oder in zwei Urkunden bestehen soll. Bis jetzt ist es noch schlecht Papier. Der Schenkgeber erklärt nun seinen letzten Willen, und der Beamte schreibt ihn ein. Jetzt ist es nicht mehr schlecht Papier, sondern ein in Haus und Hof, in Aecker und Wiesen, in Gold und Silber verwandeltes und damit gesegnetes Papier; und man nennt auch das Papier nach seinem Inhalt; von dem einen sagt man: das ist das Haus und der Hof; von dem andern: das ist das Geld und das Gut. Allein das Papier ist und bleibt Papier, obgleich es ein kostbares Papier ist, und wird nicht wesentlich verwandelt. Aber zugetheilt werden damit den Verwandten die Güter, doch nur den Verwandten und keinen

Andern, und wenn es ein Anderer zufällig fände, oder in die Hand bekäme, ginge es ihn nichts an. Die Verwandten erhalten damit auch die Güter, ob sie würdig oder unwürdig, dankbar oder undankbar sind. Aehnlich ist es beim h. Abendmahl. Der reiche Herr, Christus, hat uns und allen, die mit ihm verwandt sind, bei seinem Tod sich und sein Vermögen, eigenthümlich zutheilen wollen. Durch ein Testament wollte er es thun zur Vergewisserung und Versicherung. Er ordnete daher selbst kirchliche Beamte an, die in der Zukunft das Testament ausfertigen und die Güter zutheilen sollten. Auch die Materie oder die Zeichen ordnete er an, worin die Güter eingetragen werden sollten, Brod und Wein. So lange nun Brod und Wein auf dem Tisch oder Altar liegen ohne gesprochenes Wort, ist es schlecht Brod und Wein; sobald aber die Worte von einem dazu verordneten oder ordinirten kirchlichen Beamten darüber gesprochen werden, nicht aber von einem Andern, der nicht dazu verordnet, oder noch nicht ordinirt ist, sobald sie von dem kirchlichen Beamten nicht blos probeweis, sondern wie man sagt cum intentione oder mit Absicht und Ernst gesprochen werden, so ist es nicht mehr schlecht Brod und Wein, sondern ein mit hohen Gütern, mit dem Leib und Blut Christi gesegnetes oder in Christi Leib und Blut verwandeltes Brod und verwandelter Wein und wird auch so genannt. Wie aber dort Papier Papier bleibt und nicht wesentlich verwandelt wird, so ist es auch hier mit Brod und Wein. Jedoch wie dort mit der Urkunde Haus und Güter mitgetheilt werden, so wird auch hier mit Brod und Wein Christi Leib und Blut zugetheilt; nur der Unterschied ist zwischen hier und dort, daß bei irdischen Gütern die Güter außerhalb der Urkunde liegen, bei himmlischen aber, wie hier, dieselben mit der Materie oder Urkunde verbunden sind. Man kann daher sowohl sagen: Mit Brod und Wein empfangen wir Christi Leib und Blut, als auch: In, mit und unter dem Brod und Wein empfangen wir Christi Leib und Blut, wie Jemand, der von der Sonne erwärmtes Brod empfängt, mit dem Brod oder in, mit und unter dem Brod die Wärme der Sonne empfängt. Wie aber, um im obigen Gleichniß fortzureden, Haus und Hof und Feld und Geld nur denen zugetheilt wird, für welche es bestimmt ist, den Verwandten, und keinen Andern; so wird auch hier Christi Leib und Blut nur denen zugetheilt, für die es bestimmt ist, den Christen, nicht den Juden und Heiden, getauften Christen, wodurch sie verwandt werden, nicht ungetauften. Die Taufe ist die Aufnahme in die Verwandtschaft oder sie ist die Hochzeit oder Vermählung mit Christo, darum der alte Mensch darin ersäuft wird, denn die Seele kann keine zwei Männer haben; das Abendmahl ist das Hochzeitmahl; zuerst die Hochzeit, dann das Hochzeitmahl. Ferner wie das Gut dort oben denen mitgetheilt wird, für die es bestimmt und denen es vermacht ist, gleichviel ob würdig oder unwürdig, dankbar oder undankbar; so wird auch hier Christi Leib und Blut allen Christen mitgetheilt, ob würdig oder unwürdig, nur den Einen zum Segen, den Andern zum Gericht; denn so gewiß Jemand dort mit der Urkunde das vermachte Gut hat, so gewiß hat er hier mit Brod und Wein den Leib und das Blut Christi. Anders ist dies Johannes 6, wo von einem Essen durch das Wort und den Glauben ohne Zeichen oder von der Predigt die Rede ist, wer dort nichts glaubt, der hat auch nichts. Hier ist es aber an das Zeichen gebunden, und so gewiß Jemand das Zeichen hat, so gewiß hat er auch das, was daran gebunden ist mit und ohne Glauben, oder Belebung oder Erneuerung des schon vorher gehabten Glaubens. Das gerade ist der Vorzug des Sakraments vor dem Wort oder der Predigt. Das Wort oder die Predigt bietet uns die Gnade an, und ermahnt auch Jeden, sie anzunehmen; wer nun kommt oder glaubt, der erhält sie, und erhält, so viel er nimmt oder glaubt; wer nicht kommt und glaubt, erhält nichts. Anders ist dies beim Sakrament; das Sakrament giebt Jedem die Gnade, die ganze Gnade, es giebt sie ihm zur Hand und zu Eigenthum, und er hat und erhält sie mit und ohne Glauben, nur einmal zum Segen, das andermal zum Gericht. Es verhält sich etwa so, als wenn ein Vater mit seinem Kinde die erste Reise machen wollte. Er stellt ihm das Angenehme und Unangenehme, die Freuden und Leiden der Reise vor. Das Kind voll Reiselust überhört die Beschwerden und denkt nur an die Freuden, glaubt auch Leiden, Noth und Mangel leicht zu überwinden. Die Reise wird angetreten, munter geht es vorwärts; nach einiger Zeit aber wird das Kind müde, kleinlaut, hungrig und durstig, und kann nimmer recht fortkommen. Der Vater bemerkt es, und in Voraussicht, daß es so kommen werde, hat er Speise und Trank mitgenommen. Da er sich aber unterwegs nicht aufhalten will, so vertröstet er das Kind auf die nächste Station. Indessen ermahnt er es, da er Speise und Trank bei sich habe, sich einstweilen unterwegs etwas zu holen. Das Kind, vorher so vorlaut, jezt so kleinlaut, schämt sich etwas, doch von Noth getrieben tritt es schüchtern hinzu, und holt sich etwas zu seiner Labung. Das ist das Wort oder die Predigt.

Auf der Station angekommen übergiebt aber der Vater dem Kinde alle Speise, er übergiebt ihm den Speisekorb sammt Allem, was er enthält, und er übergiebt es ihm zum Eigenthum, es kann nun frei darüber schalten und walten, und essen und trinken, so viel es will. Es ist Alles in seiner Hand, und sein Eigenthum. Das ist das Sakrament.

Nimmt nun das Kind den Speisekorb zur Hand, und die Speisen heraus, kostbare und theure Speisen, und genießt sie, es genießt sie aber mit Gleichgiltigkeit mit Zerstreuung, im Leichtsinn, ohne die Köstlichkeit der Speisen, noch der Vorsorge und Liebe des Vaters zu gedenken, ja vielleicht selbst mit einem gewissen Undank, weil sein Herz mehr nach andern, als nach diesen Speisen gelüstet; so empfängt und genießt es zwar Alles, was ihm hier gegeben wird; aber es empfängt es nicht zum Segen, nicht zur Erweckung und Stärkung des Vertrauens, der Liebe, des Dankes gegen den Vater, der ihm solche kostbare Speisen aus diesem Grunde verschafft hat; sondern vielmehr zur Vermehrung seines Leichtsinns, seiner Zerstreuung, seines Undanks gegen den Vater, und seiner Gleichgiltigkeit gegen die Speisen, ja endlich selbst zur ganzen Verhärtung und Abstumpfung seines Herzens, zu einer Art von Verstockung und Gericht; und so ist es beim Sakrament. Wer ohne Glauben, oder ohne Erneuerung seines Glaubens, wer im Leichtsinn, in der Zerstreuung, mit Gleichgiltigkeit hinzutritt, ohne die Kostbarkeit der Speisen zu bedenken, noch die Liebe des Vaters, die sie ihm bereitet, noch des Sohnes, der sie ihm verdient hat, ja wer darum im Leichtsinn und mit Gleichgiltigkeit hinzutritt, weil sein Herz mehr nach andern, denn nach diesen Speisen gelüstet, der empfängt zwar Alles, was hier gegeben wird, er empfängt mit Brod und Wein den Leib und das Blut Christi, aber nicht zum Segen, nicht zur Stärkung seines Glaubens, zum Trost seines Gewissens, noch zur Besserung seines Lebens, nicht zur Erweckung und Vermehrung seines Dankes und seiner Liebe gegen den Vater und Sohn, die ihm diese Speisen verschafft haben, sondern vielmehr zur Vermehrung seines Leichtsinns, seiner Zerstreuung, seiner Gleichgiltigkeit, seiner Lieblosigkeit, seines Undankes, und endlich zu seiner völligen Abstumpfung und Verstockung, er empfängt es zum Gericht, er versündigt sich aber, wie sich ein Bettler versündigen würde, dem man eine Anweisung auf Brod und Mehl gäbe, und der gleichgiltig und undankbar wäre, weil er lieber das Geld zu Wein und Branntwein gehabt hätte; er versündigt sich nicht an der Anweisung, aber an dem Brod und Mehl, das er für nichts anschlägt, und an dem Herrn, der es ihm giebt. Um jedoch diejenigen, die der Herr einmal zu sich gezogen hat, wieder zu erwecken und zu erneuern, und sie nicht ins volle Gericht kommen zu lassen, schickt er ihnen über diese Versündigung zeitliche Gerichte, 1 Cor. 11, 31—32.

So verhält es sich nun mit dem h. Abendmahl und mit der Verwandlung des Brods und Weins beim h. Abendmahle.

Die h. Schrift nennt das Sprechen der Worte: Das ist mein Leib, das ist mein Blut, Segnen oder Konsekriren, die katholische Kirche nennt es: Wandeln, Verwandeln. Aber so wenig der bürgerliche Beamte das Papier wesentlich verwandeln und zu Haus und Hof oder Feld machen kann, so wenig kann der kirchliche Beamte, der Priester, und wenn er noch siebenmal mehr geweiht wäre, das Brod wesentlich in Christi Leib verwandeln und einen Herrgott daraus machen, den man anbeten müsse.

Die Alten nannten diese Wandlung oft mutatio, transformatio (Aenderung, Umänderung, oder Umbildung), und daraus hat man nach und nach, da man auf den Buchstaben verfiel, eine transsubstantiatio oder die katholische Verwandlung gemacht. Das war über die Wahrheit hinüber.

Der Apostel Paulus, der das h. Abendmahl gewiß besser verstanden hat, als Alle, nennt das gesegnete Brod und den gesegneten Wein immer noch Brod und Wein, und sagt blos, es habe eine Gemeinschaft mit dem Leib und Blut Christi, 1 Cor. 10, 16 = 11. Und weder den Aposteln, die beim h. Abendmahl zu Tische lagen, noch den ersten Christen ist es je eingefallen, von ihrem Lager oder ihren Sitzen aufzustehen und das Brod als einen Herr Gott anzubeten, so hoch man auch die Gabe anschlug, die darin und damit ertheilt wurde.

Durch diese Verwandlungslehre hat die katholische Geistlichkeit den Gipfel ihrer Hoheit erlangt. Höher konnte sie nicht steigen. Aus einem Stückchen Brod, aus einer Hostie einen lebendigen Leib machen, ein Brod oder eine Hostie in Christum verwandeln, das ist mehr als menschlich, das ist göttlich. Was ist jetzt Maria, was sind alle Heiligen gegen einen Priester, er ist, so zu sagen, der Schöpfer seines Schöpfers.

Darum sollen selbst Eltern mit ihren Söhnen, wenn sie einmal die siebente oder die priesterliche Weihe erlangt haben, nimmer mit Du verkehren, sondern sollen Sie zu ihnen sagen dieser hohen Würde und Macht wegen. Darum hält auch ein katholischer Geistlicher am meisten auf seine Priesterwürde, und sieht hoch herab auf den, der nur ein Diener Christi und Ausspender der göttlichen Geheimnisse durch Wort und Sakrament ist. Auch ist der katholischen Priesterschaft kein Fest höher, als das Fronleichnamsfest, weil in der Ehre Christi ihre eigene Ehre enthalten ist, und ihnen gebracht wird. Es ist eigentlich ihr Fest, das Priester=Fest.

Es hat zwar diese Lehre von Anfang an viel Widerspruch erfahren, allein die Allmacht des Pabstes, die Beihilfe der dabei betheiligten Priesterschaft und der Glaube an die Unfehlbarkeit der Kirche setzten es durch, und die Hohen und Großen gaben gerne ihre Macht dazu her, weil sie fürchteten und in der Furcht erhalten und bestärkt wurden, daß mit der Uneinigkeit und Trennung in der Kirche auch Uneinigkeit und Trennung in den Staat gebracht, und seine Macht zerstört würde. Einmal eingeführt und allgemein geworden, war schwer mehr etwas zu machen, besonders in den finstern Zeiten. Auch die blutige Waffe stand der Kirche zur Seite, und half ihr mächtiglich bei.

Wäre man bei dem Evangelium von Christo geblieben, und hätte Christum den Gekreuzigten, und sein Opfer und seine Versöhnung und in derselben seine und des Vaters Liebe fortan dargestellt, welches ja die Hauptpredigt ist und bleiben muß, 1 Cor. 2, 2, so wäre dadurch Glauben, und durch den Glauben schon die erste Liebe in die Herzen, die aus Gott sind, hineingepflanzt worden; wäre man aber beim h. Abendmahl um einen Schritt weiter gegangen, und hätte dabei recht Christi Leben und Sterben und sein Opfer und seine Versöhnung und seine und des Vaters Liebe für uns dargestellt, wozu ja das Abendmahl da ist, denn es ist ein Gedächtnißmahl seines Todes; so wäre der Glaube noch mehr gestärkt, und die Liebe im Herzen noch mehr erhöht und vermehrt worden; freilich hier nur bei denen, die ihren Glauben erneuert hätten, denn die Andern erhalten auf dieser Stufe oder bei einem bloßen Gedächtnißmahl nichts; wäre man aber jezt noch um einen Schritt weiter gegangen, und hätte gezeigt, wie uns Alles, was Christus durch die Hingabe seines Leibes und die Vergießung seines Blutes erworben hat, in dem sichtbarlichen Zeichen, als in einer Urkunde oder in einem Testamente auch wirklich eigenthümlich zugetheilt wird, denn dazu ist ja das h. Abendmahl besonders da, ja wie uns die ganze Liebe Jesu Christi und des Vaters mitgegeben und zugesichert wird, und wie dies Alles so gewiß unser eigen ist, als gewiß wir das Zeichen oder das Testament haben, und das haben wir, ob wir es glauben oder nicht; — so wäre Christus die ewige Liebe und seine ganze Versöhnung in uns gekommen, und durch den Glauben recht lebendig in uns geworden, wir hätten Christum im h. Abendmahl empfangen, mit allem, was er ist und hat, den Acker mit allen Früchten, Christum mit Fleisch und Blut, mit Gottheit und Menschheit, und hätten ihn inwohnend in uns gehabt, der Christus, der Geist und Leben ist und Geist und Leben giebt, und wir hätten ihn dann gewiß auch angebetet, aber im Geist und in der Wahrheit, wie unsere Anbetung sein soll, Joh. 4, 20—24. Dagegen ist man in jenen finstern Zeiten, wo der Heilsweg schon gesetzlich und verkehrt und darum Alles verfinstert war, noch um einen Schritt weiter gegangen, und hat auch das Brod oder die Hostie verwandelt werden lassen, und hat das Brod und den Wein zu Christi Leib und Blut selbst gemacht, die Schenkungsurkunde zur Schenkung, den Mantel Josephs zum Joseph, den Rock zum Herrn, das Recept zur Medicin, und hat beides miteinander angebetet. Da war der Schritt zu weit und über die Wahrheit hinüber. Man kann jetzt von jenem Pabste sagen, der es eingeführt hat, was von Jerobeam in h. Schrift steht: Er habe sein Volk sündigen machen, 1 Kön. 16. Doch blieb Israel immer noch Gottes Volk, so hier, wie dort.

Wenn heute das Evangelium wieder rein und lauter verkündigt, und das Volk in Geist erhoben würde, so fiele auch diese Verwandlungslehre mit dem äußerlichen Christus und der äußerlichen Anbetung weg, man empfänge Christum, der Geist ist, wieder im Geist, und betete ihn auch im Geist und in der Wahrheit an.

Könnte hier wieder Abhilfe geschehen und das Abendmahl zurückgeführt werden auf die Einsetzung Jesu Christi, und das wäre doch gewiß nicht unrecht, sondern nur recht, und er hat es nur zum Essen und Trinken und zum Gedächtniß und Mittheilungsmahl eingesetzt, — und zu nichts anderm; könnten die neuerfundenen Lehren und Anbachten, wovon die Apostel und die ersten Christen nichts wußten, und die der Heiland alle mit dem Einen Wort niederschlägt: Vergeblich dienen sie mir, dieweil sie lehren solche Lehren, die nichts, denn Menschengebote sind; wieder entfernt werden, so wäre ein großer Stein aus dem Weg und ein großer Schritt zur Vereinigung der beiden Kirchen geschehen; denn im Heilsweg und im Abendmahle liegen die beiden Hauptunterschiede und Hindernisse der Vereinigung; mit ihnen stehen und fallen alle übrigen; allein so wahr und bibelgemäß Alles Obige ist, so wird doch die Priesterschaft nie dazu stimmen. Mit der Verwandlung verlöre sie ihr übermenschliches Ansehen, sie könnten nicht mehr **Ge- heimnisse machen**, nicht mehr Brod und Wein **verwandeln**, sondern nur **austheilen**, sie würden auch nur, was die Apostel waren und alle Geistliche sein sollen, Diener und Ausspender göttlicher Geheimnisse, 1 Cor. 4, 1; sie verlören aber auch so manchen Gewinn, der mit dem Meßopfer erlangt wird, denn wenn dieses Brod und dieser Wein nicht mehr verwandelt, nicht mehr Christi Leib und Blut ist, so kann man es auch nimmer opfern, und dies noch weniger, da Christus seinen Leib und Blut nur zum Essen und darum auch nur beim Essen zugesagt hat; für ein Opfer von leerem Brod und Wein wird aber Niemand etwas geben wollen; deßwegen fiele auch aller dieser Verdienst weg. Darum wird die Priesterschaft nie dafür stimmen; im Gegentheil, sie wird alle Gründe entgegen suchen und zuletzt und am allermeisten die Unfehlbarkeit der Kirche anführen. Allein nicht eine **aber- gläubige**, noch **ungläubige** Kirche ist unfehlbar, sondern die **gläu- bige**, nicht einer abergläubigen, noch ungläubigen Priessterschaft und Gemeine hat Christus den h. Geist und die ewigen Dauer verheißen, sondern der gläubigen. Der natürliche Mensch vernimmt nichts vom Geiste Gottes, 1 Cor. 2, 14. Blinde können nicht von Farben urtheilen, Matth. 15, 14. Von der Priesterschaft ist also wenig oder nichts zu erwarten. Soll's geschehen, so kann es nur vom Volk geschehen, wenn es zur Erkenntniß der Wahrheit gelangt ist.

Viele fühlen auch wohl, daß es irgendwo fehlt, aber sie wissen nicht wo, und ergeben sich daher geduldig darein, bis anderswoher Hilfe kommt, ohnehin ist der alte Wein auch milder als der neue, der Aberglaube leichter als der Glaube, Luc. 5, 39. Andere dagegen wollen sich mit ihrer Vernunft helfen, erklären Alles für Aberglauben und Priesterbetrug und werfen das Kind mit dem Bade weg. Wer Wahrheit will, der suche sie nur in h. Schrift, dort ist sie zu finden und nicht in unserer Vernunft, Ps. 119, 160, Joh. 17, 17. Unsere Vernunft ist nur das Aug, das die Sonne und ihr Licht aufnimmt, nicht aber in sich selbst hat. Und eben so, wer göttliches Leben will, der suche es in diesem heiligen Buch, denn so wenig ein Bildhauer oder Maler mit aller Vernunft und Weisheit und mit aller Begeisterung seinem Bilde oder Gemälde natürliches Leben geben kann, so wenig kann die Vernunft mit aller Weisheit und Begeisterung dem Menschen göttliches Leben geben. Alles kommt aus dem Wort und durch Gottes Geist.

Durch die Verwandlungslehre ist, wie im Heilsweg das Wie, so hier das Was des Glaubens verändert worden, und es gab eine Zeit, wo man nicht fragte: Glaubst du an Jesum Christum seinen eingebornen Sohn unsern Herrn, sondern: Glaubst du, daß diese Hostie Jesus Christus ist mit Fleisch und Blut, Gottheit und Menschheit, daß er anzubeten sei, und daß die Messe ein wahres wirkliches Opfer ist für die Sünden der Menschen. Wer nicht bejahte, wurde mit Schwert und Scheiterhaufen belehrt, ja wer nur im Verdacht des Unglaubens stand, wurde eingezogen und mit Gefängniß und Folter bestraft. Ueber den beiden Lehren, über dem gesetzlichen Heilsweg und über der Verwandlungslehre sind Tausend und Tausend Märtyrer geworden.

Doch da das Maas der Sünden auch hier voll war, und die Gläubigen hinlänglich geprüft und geläutert waren, kam auch hier die Gerichtszeit für den christlichen Aberglauben, wenigstens wurde ihm für diesmal eine tödtliche Wunde beigebracht, und dies für jetzt nicht durch den Unglauben, die gewöhnliche Zuchtruthe des Aberglaubens, sondern durch den Glauben. Es kam die Reformation, wo der Weg Gottes nach der Wahrheit wieder aufgefunden und ans Licht gestellt und das h. Abendmahl in seine erste und ursprüngliche Einsetzung wieder zurückgebracht wurde. Zu gleicher Zeit wurde aber auch dem Aberglauben der schwerste Streich versetzt, nämlich es wurde ihm die blutige Waffe aus der Hand genommen, wenigstens in den Ländern, wo die Reformation und die h. Schrift Eingang gefunden hatten. Petrus, hieß es hier, stecke dein Schwert ein, denn wer das Schwert nimmt, soll durchs Schwert umkommen, Matth. 26, 52; 2 Cor. 10, 5. Hat der Aberglaube aber seine fleischliche Waffe verloren, so hat er seine Hauptmacht verloren, und kann sich schwer gegen Angriffe mehr halten; und die Bibel, dies heilige Buch, das er allen seinen Leuten entzog und so oft als Ketzerbuch verläſterte und verbrannte, iſt ſein Gift, an dem er endlich ſtirbt, wenn auch langſam, indem er ihr noch viel Hinderniß in Weg legt.

So wurde alſo auch der chriſtliche Aberglaube, dieſer große und mächtige Feind, nach vielen blutigen Kämpfen endlich überwunden, und dem Glauben wieder Freiheit und Sieg verſchafft.

Noch giebt es aber viele Länder, in welchen die Reformation und der Glaube nicht durchbrang, in welchen die Großen der Erde entweder aus befangenem Gewiſſen, oder aus politiſchen Gründen, oder aus Schwäche und Nachgiebigkeit gegen den Pabſt und die Prieſter dem Aberglauben alle ihre Macht zu Gebot ſtellten, um dem Glauben den Eingang zu verwehren, oder wenn er ihn doch gefunden hatte, mit blutiger Waffe ihn wieder zu zerſtören und auszurotten. Ein ſolches Land war Frankreich. Bekannt iſt ja die Bluthochzeit und viele andere Bedrückungen. Ein ſolches Land iſt Italien, Spanien und zum Theil auch Oeſtreich. Für ſolche Länder iſt der **Unglaube** beſtimmt, den Aberglauben, wenn nicht auszurotten, da er doch noch das apoſtoliſche Glaubensbekenntniß und manche gläubige Seele im Stillen in ſich birgt, ſo doch ihm die blutige Waffe aus der Hand zu nehmen und dem Glauben Freiheit zu verſchaffen. Seine erſte Arbeit that er an Frankreich. Frankreich, nachdem es den Glauben möglichſt unterdrückt und ausgerottet, und den Aberglauben wieder zur Alleinherrſchaft gebracht hatte, kam mit jedem Tag mehr in Armuth und Verfall. Der Aberglaube mit allen ſeinen Geſetzen konnte nicht helfen, und es wurden recht offenbar jene Früchte, die uns von ihm Röm. Kapitel 2, beſonders 3, 10—20 beſchrieben ſind, und ſo ſtieg das Verderben und die Noth immer noch mehr.

Da man nun die Ohnmacht und Schwäche der Prieſter mit ihrem Aberglauben erkannte, ſo wurden ſie ſammt ihrem Aberglauben der Gegenſtand des Spotts und der Verachtung. Vom Aberglauben ging man über in den Unglauben, und zwar von Tag zu Tag mehr in den frechen vollen Unglauben. Die Großen und Weiſen gingen voran, und das Volk folgte mehr und weniger nach. Jetzt wurde aber das Verderben noch größer, denn zu den Früchten des Aberglaubens kamen noch die des Unglaubens, die uns Röm. 1 beſchrieben ſind. So kam Kirche und Staat in Abgrund des Verderbens. Daß das Evangelium von Chriſto, daß der Glaube, der rechte wahre Glaube das Mittel geweſen wäre, Hohe und Niedere, den ganzen Staat aus ſeinem Verderben zu retten, das wußte man nicht, das wollte man nicht; hatte man ja dieſen Glauben mit allen Waffen des Fleiſches verfolgt und unterdrückt. Chriſtus der Gekreuzigte war Aergerniß und Thorheit, der wahre Glaube Schwärmerei und Ketzerei; und das Laufen in den Schranken des Glaubens Unſinn und Narrheit. Immer offener griff man das Chriſtenthum an, mit Vernunftweisheit und Aufklärung wollte man helfen, und nachdem man den zweiten und dritten Artikel des chriſtlichen Glaubensbekenntniſſes ziemlich hinausgeſchafft hatte, ſo kam man zuletzt auch an den erſten. Man ſetzte Gott förmlich ab und leugnete die Unſterblichkeit der Seele. Die Kirchen wurden zerſtört, die Prieſter verjagt, Glocken und Kirchengeräthe und was noch an das Christenthum erinnerte, aus den Kirchen hinausgeschafft und die Natur und die Vernunft zur Göttin erhoben und in feilen Dirnen dargestellt und verehrt. So kam man aus dem halben zum ganzen, aus dem christlichen Unglauben zum heidnischen. Jezt wurde Freiheit und Gleichheit ausgerufen und davon das goldene Zeitalter erwartet. Wer am Glauben und am Vermögen Schiffbruch erlitten hatte, jubelte fröhlich der neuen Zeit entgegen. Um sie bald herbeizuführen, kam zur gewöhnlichen Waffe des Unglaubens, zu Spott und Hohn, jezt noch die blutige, das Fallbeil oder die Guillotine. Wer nicht vom Glauben und Vermögen frei und dem ungläubigen und gottlosen Haufen gleich werden wollte, der mußte eiligst die Flucht ergreifen, um nicht in Gefängnissen und auf Blutgerüsten sein Leben zu enden. Viele von denen, die mitgeholfen hatten, dem Unglauben, diesem Geist aus dem Abgrund, die Thüre aufzuthun, und Viele, die ihm freudig entgegen gejauchzt hatten, büßten ihre Sünde in Gefängnissen und unter dem Fallbeil. Wer ihm widerstehen wollte, war dem Tode verfallen. Wie ein Berg, der sich losgerissen hat und Alles mit sich fort in den Abgrund reißt, riß der Unglaube Alles mit sich fort in Tod und Verderben. Selbst der König, der aus Unkenntniß und zu großer Gutmüthigkeit und Nachgiebigkeit diesem Geist aus dem Abgrund nicht gesteuert hatte, zur Zeit, wo es noch möglich gewesen wäre, mußte der Väter Missethat büßen und sein Leben auf dem Schaffot endigen; und ihm nach die Königin und tausend und abertausend Andere. So wurde durch Unglauben der Aberglaube zerstört, so das Wiedervergeltungsrecht geübt in einem Lande, das sich so schwer an dem Glauben versündiget hatte. Wie wahr ist es, was der Apostel sagt: Gottes Zorn vom Himmel wird geoffenbaret über alles gottlose Wesen und Ungerechtigkeit der Menschen, die die Wahrheit in Ungerechtigkeit aufhalten, Röm. 1, 18. Hätte man dem Evangelio von Christo und dem Glauben, dem rechten wahren Glauben, den man als Ketzerei verdächtigte und verfolgte, Einlaß und Freiheit gegeben, so wäre der Unglaube zur Züchtigung des Aberglaubens nicht nöthig gewesen. — Doch endlich, nachdem dieser Geist aus dem Abgrund sein Werk ausgeführet hatte, wurde er wieder eingefangen, da er noch kein Haupt unter den Mächtigen und Großen der Erde hatte. Von nun an erhielt auch der Glaube und die h. Schrift Freiheit, wenngleich immer noch beschränkt und bedrückt, nur nimmer mit den früheren blutigen Waffen. Hier an diesem Vorspiel in Frankreich können wir sehen, welches der Geist des Unglaubens ist, wenn er sich auch noch so schmeichelhaft zeigt, und welche Früchte er in sich birgt, und hervorbringt, wenn er ausgeboren ist; und wer sehen und lernen will, kann hier sehen und lernen.

Und wie in Frankreich dem Evangelio und dem Glauben der Eingang versperrt und er mit blutiger Waffe vom Aberglauben unterdrückt und verfolgt wurde; so geschah es in Italien, in Rom und andern italienischen Ländern. Schon das Bibellesen und dies gar mit Andern, war mit Gefängniß, Landesverweisung und selbst mit dem Tode bestraft. Traurig sind die Früchte, die der Aberglaube auch dort in Kirche und Staat getragen hat; und nicht minder traurig die Verfolgungen, die der Glaube auch dort in diesem Lande erfahren mußte. Er heißt freilich nicht Aberglaube sondern Glaube, weil er noch das apostolische Glaubensbekenntniß hat, obgleich an dem Wie und auch zum Theil an dem Was des Glaubens Alles verfehlt ist. Durch diesen Aberglauben kam aber auch hier in Kirche und Staat je mehr und mehr Alles in Verfall und, da dem Aberglauben zu seiner Erhaltung die blutige Waffe doch fehlte, so kam ein großer Theil des Volks in Unglauben. Dieser Unglaube ist nun auch dort die Zuchtruthe für den Aberglauben, denn der ganze Kampf in Italien ist größtentheils auch dort der Kampf des Unglaubens mit dem Aberglauben oder wie man auch sonst sagt, des Thiers mit der Hure, des einen Bruders mit dem andern, oder des Bruders mit der Schwester. Sie machen ihren blutigen Tanz miteinander. Am Ende ist es noch nicht, denn sie müssen noch mehr ihr eigenes Fleisch fressen. Solche Uebergänge sind immer mit großen Kämpfen verbunden. Indessen hat die Bibel und der Glaube Freiheit, und der Glaube baut sich im Stillen.

Hätte man dem Glauben früher Eingang gelassen, und nicht so blutig verfolgt, so hätte auch dieser Kampf verhütet und der Friede, ja selbst der Pabst im Frieden erhalten werden können, wenn er nur das Haupt des Glaubens statt des Aberglaubens hätte sein und sein Volk darin erziehen und heranbilden lassen wollen.

Aehnlich wie in Italien geht es dermalen auch in Oestreich, dort kämpft auch großentheils der Unglaube mit dem Aberglauben, obgleich man auch dort meint, es sei der Kampf des Unglaubens mit dem Glauben. Es ist zwar wahr, daß der Unglaube eben so sehr der Feind des Aberglaubens wie des Glaubens ist, allein sein dermaliger Kampf geht meistens gegen den Aberglauben. Es hat der Aberglauben aller Orten so schlimme Früchte getragen und Kirche und Staat in solche Verfinsterung, Noth und Armuth und in solches Verderben hineingebracht, daß er überall in Mißkredit und Ungnade ist und man aller Orten seiner gerne los wäre. Er hat auch der Blutschulden so viele, daß er wohl überall zum Gerichte reif ist. Nur zu bedauern ist, daß der Unglaube dieses Gericht meistens ausführen und das Wiedervergeltungsrecht an ihm ausüben muß, und die Großen der Erde nicht Alles aufbieten, daß der h. Schrift und dem Glauben in der Kirche und in allen Schulen Eingang verschafft werde, trotz aller Konkordate und Priester. Nur durch das Evangelium und den Glauben kommt Frieden, kommen bürgerliche und häusliche Tugenden und damit Segen und Wohlstand wieder ins Land. Hätte man auch in Oestreich dem Glauben früher Eingang gelassen, und nur mit geistlichen Waffen, wenn man es vermocht hätte, nicht mit fleischlichen und blutigen gegen ihn gekämpft, so wäre auch hier wie aller Orten dieser Kampf verhütet worden. Der Aberglaube erzeugt den Unglauben und der Unglaube mit seiner blutigen Waffe ist die Zuchtruthe in der Hand Gottes für den Aberglauben.

Nachdem aber der Unglaube einmal in die Welt eingedrungen war und in Frankreich solche Macht erlangt und solche blutige Rache an dem Aberglauben genommen hatte; so war er nimmer hinaus, besonders nimmer aus diesem Land hinauszubringen. Der Aberglaube konnte es nicht thun, weil ihm durch die Reformation der Stachel, die blutige Waffe doch so ziemlich allgemein aus der Hand genommen war und er ohne diese Waffe nicht mehr viel ausrichten kann; und der Glaube durfte es nicht thun, weil er doch immer noch vom Aberglauben sehr gedrückt und niedergehalten wurde, und die Vornehmen und Großen, wenn sie auch mehr im Unglauben als im Aberglauben standen, doch aus Fleisches und politischen Rücksichten dem Aberglauben mehr als dem Glauben die Hand im Kampfe boten; und so blieb der Unglauben im Lande. Die Vornehmen und Reichen hätten sich gerne selbst für den Unglauben offen erklärt, wenn sie nicht zwei Worte gefürchtet hätten, die Hohen das Wort **Freiheit**, die Reichen das Wort **Gleichheit**, die Einen fürchteten für ihre Herrschaft, die Andern für ihr Vermögen. Ueber den Aberglauben waren sie hinausgewachsen, und unter den Glauben wollten sie sich nicht beugen; sie kannten ihn wohl auch nicht, und wenn sie ihn gekannt hätten, so wäre es ihnen als arme Sünder unter Christo zu stehen, zu nieder, und in den Schranken des Glaubens zu laufen, zu beschwerlich gewesen; darum blieben sie innerlich ungläubig und hielten sich äußerlich zum Aberglauben. Aber gerade unter solcher Gunst blieb der Unglaube in Frankreich festsitzen, vermehrte sich noch, und verbreitete sich von da aus in alle Länder, namentlich auch in unser deutsches Vaterland. Frankreich ist der Heerd, von wo aus der Unglaube mit seinen bösen Dünsten auf allerlei Weise selbst durch Sprache und Moden in alle Welt ausgeht, und verpflanzt wird. Früher wußte man wenig vom Unglauben, er war das kleine Horn, von welchem geweissagt ist, daß es erst in der letzten Zeit groß werden wird. Jetzt ist es anders, jetzt feiert er bald Siege in allen Landen. Der Aberglaube hat ihn hervorgerufen, und für ihn ist er besonders in diesen Tagen die Geisel und Zuchtruthe in Gottes Hand.

Doch nicht nur in Ländern des Aberglaubens sucht er sich einzubringen, und Herrschaft zu erlangen, sondern auch in solche Länder, wo die h. Schrift und das Evangelium Freiheit hatte, und der Glaube die berechtigte, ja die allein berechtigte Lehre war, auch in die evangelischen Länder und Kirchen sucht er einzubringen. Er will allgemein werden, er will aus einer **Kleinmacht** eine **Großmacht** werden, ein eigenes Reich, eine neue Kirche; die sogenannte Volkskirche gründen und bilden. Einen Fürsten oder ein Haupt wird er alsdann wohl auch bekommen, vielleicht ist er schon geboren, aber noch nicht ausgeboren und volljährig geworden.

Um aber auch in evangelischen Ländern und Kirchen Eingang und Herrschaft zu erlangen, fängt er es nicht gewaltthätig an, wie beim Aberglauben, sondern geht listig darein, denn was vom Aberglauben gilt, gilt auch von seinem Bruder dem Unglauben: „Groß Macht und viel List, sein grausam Rüstung ist, auf Erd ist nicht seins Gleichen." Er verlangt nur freie Schriftforschung ohne Bekenntniß, da ja nur die Bibel Gottes Wort ist, Bekenntnisse aber Menschenwerke sind; er verlangt weiter freien Gebrauch der Vernunft, um den Geist aus dem Buchstaben des Worts herauszufinden; und endlich Berechtigung für Jeden, das, was er in heil. Schrift gefunden hat, auch frei und

offen zu lehren und vorzutragen. Berechtigung will er haben, nicht
bloß Duldung, denn Duldung hatte bisher Jeder, selbst jeder Geistliche durfte nach seiner Ueberzeugung predigen, da man ja Niemand
zwingen kann, zu predigen, was er nicht kennt und weiß, Niemand
zwingen kann, galiläisch zu reden, wenn er nicht galiläisch kann, es nicht
gelehret worden ist und nicht gelernt hat, und weil man bei Jedem hoffte,
was heute nicht ist, kann morgen noch werden. Jezt aber soll es anders
werden, aus einer geduldeten Lehre soll eine berechtigte werden. Alle
Richtungen sollen in der Kirche Freiheit und Berechtigung haben; Glauben allein, Glauben und Werke, Werke ohne Glauben, ohne bestimmten Glauben, diese drei Richtungen, und wenn sich noch eine vierte
und fünfte auffinden läßt, soll auch diese Gnade erhalten. Freiheit soll
sein, jede Ueberzeugung soll geehret werden. Auf jedem Weg kann der
Mensch glücklich sein, und das Ziel erreichen, wenn er treu und ge-
wissenhaft darnach lebt. Es kommt nicht auf den Glauben, sondern auf
das Leben an, wenigstens nicht auf eine bestimmte Form des Glaubens,
wenn man nur im Allgemeinen des Glaubens miteinander einig ist,
und Jeder fromm nach seinem Glauben lebt. Dies die Sprache unserer
Zeit. Es heißt: Wir glauben Alle an Einen Gott; und das ist genug;
man streite sich jezt nicht darum, ob in Gott eine oder drei Personen
sind, sondern lebe darnach und fürchte und vertraue Gott.

Wir glauben Alle an Jesum Christum als den Sohn Gottes und
unsern Heiland und Erlöser; und das ist genug; man streite sich jezt
nicht darum, ob er Gottes Sohn von Ewigkeit und Gott und Mensch
in Einer Person ist; oder ob er Gottes Sohn in der Zeit geworden,
ein Mensch mit Gott aufs innigste vereint und Gott in ihm verklärt
ist. Und eben so streite man sich nicht darüber, ob er uns erlöset habe
durch die Hingabe seines Leibes und Blutes als Lösegeld und Sühne
für unsere Sünden, oder ob er uns erlöset habe durch sein Herabsteigen
in unser Elend, und durch die Liebe, mit der er uns gesucht, und sich
für uns geopfert hat, oder durch das Wort der Wahrheit, das er an
das Licht gebracht und wofür er sein Leben eingesezet habe, sondern
thue nach seinem Glauben, und folge ihm nach in der Liebe.

Wir glauben Alle an den h. Geist, und das ist genug; man streite
sich jezt nicht darum, ob er eine Person, ob er die dritte Person in
der Gottheit oder nur eine Kraft in Gott sei, eine Kraft die auch den
Menschen zugetheilt wird, die darnach verlangen und darum beten, und
die sie dann zu allem Guten treibt und stärkt.

Dies ist die Sprache dieser Richtung, und ihr Glaube ist daher nicht
der Glaube der Kirche von Gott dem Vater, Sohn und h. Geist, sondern der Glaube der freien Forschung und des Fortschritts. Sie glaubt
nicht an die Dreieinigkeit, nicht an die Gottheit Christi, und an die
Versöhnung unserer Sünden durch sein Blut, nicht an die Person des
h. Geistes, sondern nimmt in Gott Eine Person an, hält Christum für
einen blosen Menschen, wiewohl erfüllt mit Gott, seine Erlösung blos
für eine Erlösung von der Herrschaft der Sünden, und nicht von ihren
Strafen, und den h. Geist blos für eine Kraft in Gott. Darum nennt
sie auch der Glaube und der Aberglaube, die in dem Was des Glau-

bens einig sind, so verschieden sie auch in dem Wie sind, und die fest an der Lehre der Kirche und ihren Bekenntnissen halten: Vernunftreligion, Rationalismus, Unglaube, da diese Richtung sich: neuere Theologie, biblische Theologie, Fortschrittstheologie nennt, und jene alte kirchliche: stabile Theologie, und noch besonders den Aberglauben: Pabstthum, Hierarchie und Priesterherrschaft; den Glauben als Lehre: papierenes Pabstthum, als Leben: Pietismus am allerliebsten Muckerthum heißt. Sie stammen indessen Alle aus Einem Vaterhaus, und sind miteinander verschwistert, wie Kain und Abel, Esau und Jakob, Ismael und Isaak.

Diese Richtung nun, welche die Kirche von ihrem Standpunkt aus Unglauben, jedoch christlichen und zwar feinen christlichen Unglauben nennt, da es auch einen andern giebt, der auch aus der feinen Forschung und Vernunft hervorgewachsen, und eben nicht so fein ist, dieser Unglaube nun, der eine wie der andere behauptet: es käme nicht auf den Glauben, wenigstens nicht auf eine bestimmte Form des Glaubens an, wenn man nur im Allgemeinen einig sei, und Jeder nach seinem Glauben lebe; das Leben sei die Hauptsache. Im Leben, besonders in der Liebe müsse man sich einigen, da man sich Jahrhunderte lang im Glauben gestritten, und nicht habe einigen können. Diese Richtung nennt den Glauben, den Glauben der Kirche: Dogmatik und ihre Lehrsätze veraltete Formen, welche die Leute, wenigstens den gebildeten Theil der Menschen der Kirche entfremden, und die für unsere Zeit nicht mehr taugen. Man müsse sich nach der Zeit und nach der Bildung der Zeit richten, nicht die Geistlichen seien die Kirche, sondern die Gemeinden, ihrer Bildung und ihrem religiösen Bewußtsein müsse Rechnung getragen werden. In unserer Zeit lasse sich nicht predigen, was vor dreihundert Jahren gepredigt worden sei, die Welt sei immer im Fortschreiten, und lasse sich in durchlaufene Bahnen nimmer zurückführen. Lehren, wie die Kirche sie lehre von der Dreieinigkeit, von der Erbsünde, von der Gottheit Christi, von der Versöhnung und Tilgung unserer Sünden durch sein Blut von Teufel und Hölle ꝛc. seien ihr Anstoß und Aergerniß, darum müssen diese Lehren oder veralteten Formen entfernt und der neuere Glauben, oder der Glauben der neueren Wissenschaft und Theologie an ihre Stelle gesetzt werden, 1 Tim. 4, 1. 2 Tim. 4, 3.

Das sind die Urtheile dieser Richtung, die Gründe, worauf sie Berechtigung verlangt, und wodurch sie sie zu erlangen hofft.

Da wird freilich wenig mehr von den Geheimnissen Gottes, wenig mehr von Christo dem Gekreuzigten und von Buße und Glaube gepredigt werden; der Anstoß des Kreuzes ist gehoben, 1 Cor. 1, 23.

Ob aber die Früchte hervorkommen, die man erwartet, ob aus jedem Glauben und jeder Form des Glaubens die Liebe erwachse, ob besonders die Gebildeten, die wohl nicht durch die Predigt des Glaubens, wenigstens nicht durch die reine lautere lebendige Predigt des Glaubens der Kirche entfremdet worden sind, sondern mehr durch das Gegentheil, jetzt fleißiger zur Kirche gehen, und in ihrem Denken, Wollen und Handeln christlicher werden, das wird die Zeit lehren. Paulus der Apostel hält an nichts fester als an dem Glauben, an einem bestimmten Glauben, Col. 2, 4. 8.

Berechtigung verlangt nun auch diese Richtung, alle Richtungen sollen Berechtigung haben. Das war bisher nicht so; bisher war nur Eine Richtung berechtigt, die der Buße und des Glaubens, des Glaubens an unsern Herrn Jesum Christum, des Gottes- und Menschensohnes, des Heilandes und Erlösers der Welt; die andern Richtungen waren geduldet. Einer war der Herr und Eigenthümer des Hauses, die andern saßen zur Miethe. Dies soll jezt anders werden, die Hintersaßen sollen auch Bürger, die Miethleute auch Herrn und Eigenthümer des Hauses werden. Die Majorität gilt und gewinnt dann; der Stärkste wird Meister.

Um aber den Unterschied zwischen berechtigter und geduldeter Lehre noch etwas genauer kennen zu lernen, wollen wir es in einigen Beispielen zeigen.

Die berechtigte Lehre oder der Glauben lehrte bisher, und wird fortan lehren, sowohl nach der heil. Schrift als nach den Bekenntnissen aller christlichen Kirchen, daß der ewige Sohn Gottes Mensch geworden ist, und die Menschheit zu Einer Person mit sich vereinigt habe, wie oft gewisse Talente mit einem Menschen geboren werden und von Geburt aus vereiniget sind. Es ist dies eines von jenen Geheimnissen, die von jedem Geistlichen verkündiget werden sollen, indem darin die ewige Liebe Gottes des Vaters erkannt, und durch den Glauben zum Trost in Noth und Tod empfangen wird.

Die geduldete Lehre oder der Unglaube läugnete dies bisher auch nicht, aber er lehrte und predigte es auch nicht, einfach darum nicht, weil er es nicht glaubt; und er glaubt es nicht, weil er frei in h. Schrift forscht, und sich nicht an Bekenntnisse hält, die Menschenwerk sind; und weil er seine Vernunft gebrauchd zu prüfen, was sein und nicht sein kann, und dann den Geist aus den Buchstaben herausnimmt. Nun hat er schon gefunden, daß auch andere Menschen, daß auch das Volk Israel ein Sohn Gottes heißt, 2 Mos. 4, 22; daraus macht er den Schluß, daß auch Christus in dieser Weise ein Sohn Gottes genannt werden kann. Er prüft also mit seiner Vernunft, und nimmt heraus, was dieser am einleuchtendsten scheint. Eine bestimmte und gleichförmige Lehre kann bei solchen freien Forschungen nicht verlangt und nicht gegeben werden, da die Vernunft des Einen ausgebildeter ist, als die des Andern, dem Einen dies, dem Andern jenes mehr einleuchtet, der Eine in Auffindung des Geistes geübter, der Andere weniger geübt ist. Bekannt ist ja, wie ein gelehrter Universitätslehrer aus den Buchstaben der h. Schrift und des allgemeinen christlichen Glaubensbekenntnisses: **Auferstanden von den Todten** mit seiner Vernunft herausbrachte; Christus sei scheintodt am Kreuz gewesen, nachher zu sich gekommen, und dann den Berg hinab zu seinen Jüngern gegangen: und diese hätten von nun an verkündiget: Jesus sei von den Todten auferstanden. Dies war der Geist aus dem Buchstaben, das andere war Einkleidung und Hülle. Andere erklärten die Auferstehung Christi dahin; der Geist und die Vernunft sei frei geworden von den Fesseln des Aberglaubens. Wieder Andere; es sei Täuschung und überreizte Phantasie der Jünger gewesen, worin sie Christum als auferstanden gesehen hätten. Gleichförmige Lehre giebt es bei solcher freien Forschung nicht. Jeder forscht nach bestem Wissen und Gewissen, es kommt ja auch nicht gerade auf den Glauben und die Gleichheit im Glauben an, wenn nur Jeder ein braver Mann ist. Leicht mag bei solchen Forschungen bewußt oder unbewußt auch die Eitelkeit eine Rolle spielen; man will etwas neues auf die Bahn bringen, von sich reden machen, einen gelehrten Namen haben oder gar das Haupt und der Führer einer Parthei werden. Das heißt man dann auch christliche Gewissenhaftigkeit.

Die berechtigte Lehre lehrte bisher und wird auch fortan lehren, sowohl nach der h. Schrift, als nach allen christlichen Glaubensbekenntnissen, daß Jesus Christus Gottes und Mariä Sohn nach dem ewigen Rath der Liebe und der Weisheit Gottes unsere Sünden als das Lamm Gottes getragen, und uns durch sein Opfer im ewigen Geist aus Tod und Hölle erlöset habe. Es gehört dies wieder mit zu den Geheimnissen Gottes, die von allen neutestamentlichen Geistlichen sollen geprediget werden, indem darin unser einiger Trost im Leben und Sterben, so wie alle Kraft zu einem neuen Leben enthalten ist.

Die geduldete Lehre oder der Unglaube läugnete dies bisher auch nicht, aber er lehrte und predigte es auch nicht, einfach darum nicht, weil er es nicht glaubt, und er glaubt es nicht, weil er sich nicht an Bekenntnisse hält, die in der Kindheit und Unmündigkeit der Menschheit gemacht sind, sondern weil er frei in h. Schrift forscht, und auch mit seiner Vernunft prüft, was sein und nicht sein kann, es ihm aber ebenso unmöglich scheint, daß Gott einen Gerechten für Ungerecht strafen sollte, als es ihm unmöglich scheint, daß Jesus Gottes eigener eingeborener Sohn von Ewigkeit sein soll. Er sucht also den Geist heraus und findet, daß Jesus die Sünde und Bosheit der Juden getragen, und für die Wahrheit seiner Lehre gestorben und ein Opfer geworden sei. Andere mögen anders finden, da die Menschheit immer im Fortschreiten ist. Es kommt auch nicht darauf an, was Jemand glaubt, sondern was er lebt.

Die berechtigte Lehre oder der Glaube lehrte bisher und wird auch fortan lehren, sowohl nach h. Schrift als nach seinen Bekenntnißschriften, daß der Mensch ohne Verdienst gerecht werde, aus Gnaden durch die Erlösung, so durch Christum Jesum geschehen ist, und durch den Glauben der diese Erlösung und in ihr die ganze Liebe des Vaters und unsers Herrn Jesu Christi gleichsam als eine Speise in sich hinein ißt, oder daß der Mensch ohne Werke gerecht werde, allein durch den Glauben. Auch dies gehört mit zu den Geheimnissen Gottes, die von allen Geistlichen des neuen Testamentes allen armen Sündern zum Trost, Aufrichtung und Ermunterung zu einem neuen Leben sollen verkündiget werden.

Die geduldete Lehre oder der Unglaube läugnete dies bisher auch nicht, aber er predigte und lehrte es auch nicht, einfach darum nicht, weil er es nicht glaubt, und er glaubt es nicht, weil er frei in h. Schrift forscht und sich nicht an Bekenntnisse bindet, und dort findet, daß die Liebe das höchste ist. Daran hält er sich nun, das ist seine Richtung. Doch läßt er auch jene gewähren, die noch in der Kindheit stehen, und durch den Glauben allein, oder durch Glauben und Werke selig werden wollen, da man ja auch dabei ein rechtschaffener Mann sein kann. Nur soll man auch ihn bei seiner Richtung ruhig lassen, und ihn nicht zu einem Glauben zwingen wollen, der ihm von seinem Standpunkte aus nichts als Rückschritt, Rückschritt um Jahrhunderte ist.

Die berechtigte Lehre oder der Glaube lehrte bisher und wird auch ferner lehren, laut der h. Schrift und den Bekenntnißschriften, daß Christo ein Johannes, daß dem Glauben die Buße vorangehen müsse, indem die Furcht Gottes der Weisheit Anfang ist.

Die geduldete Lehre oder der Unglaube läugnete dies bisher auch nicht, aber er lehrte und predigte es auch nicht, darum nicht, weil er es nicht glaubt, und er glaubt es nicht, weil sein Gott nicht der Gott des alten, sondern des neuen Testaments ist, der ohne diese innerliche aus dem Zorn Gottes hervorgehende Buße Jeden annimmt, der sich bessert und zu ihm kommt. Für erwachsene und mündige Söhne, für Männer, bedarf es dieser Kindererziehung nicht mehr.

Die berechtigte Lehre oder der Glaube lehrte bisher und wird auch ferner lehren, laut der h. Schrift und den Bekenntnißschriften, daß der durch den Glauben gerechtfertigte und begnadigte Mensch sich auch im Stande guter Werke erfinden lassen müsse, wenn er nicht wieder verlieren will, was er durch den Glauben erlangt hat, Matth. 18, 23—35, oder daß sein Glaube in der Liebe thätig sein, und er Gott und den Nächsten lieben und solches in der That beweisen müsse, indem er es jetzt kann, was vorher nicht der Fall war. So lange nämlich Jemand diese Gottesliebe nicht hat, kann er höchstens aus Furcht Gottes gute Werke thun; oder gar nur todte Werke aus Menschenfurcht und Menschenlob, die wohl als gute Werke scheinen und gleisen, es aber nicht sind, Matth. 6, 2—6. Daher ermahnt auch der Apostel die Christen in Korinth in seinem schönen Kapitel von der Liebe zuerst, daß sie nach der Liebe trachten sollen, ehe sie lieben wollen, und nennt sie eine Gabe des h. Geistes, die durch denselben erst erlangt und gegeben werden müsse, und zeigt, daß alles Gute in ihr liege, 1 Cor. 12, 34 = 13. Man nennt diese Liebe auch die **christliche**, weil sie aus Christo kommt, und durch den Glauben am Kreuz geholt wird, zum Unterschied von der eigenen, oder von der natürlichen, die angeboren ist, und nur durch schöne Reden geweckt und belebt, und durch andere Mittel erwärmt und gestärkt und zur Begeisterung erhoben wird.

Die geduldete Lehre oder der Unglaube läugnete dies bisher auch nicht, aber er lehrte und predigte es auch nicht, einfach darum nicht, weil er es nicht glaubt, und er glaubt es nicht, weil er sich nicht am Bekenntnisse hält, sondern frei in h. Schrift forscht und dort findet, daß der Mensch Gott und den Nächsten lieben soll, und was er soll, das kann er auch, wenn er will, Gott giebt keine Gebote, die der Mensch nicht halten kann, wenn er ernstlich will. Das hieße nur der Trägheit und Faulheit aufhelfen, wenn man predigte, der Mensch könne nicht, wenn er auch wolle, Röm. 7. Nur müsse man nichts übertreiben, Lehren, wie sie oft in den Evangelien, und in den Briefen der Apostel vorkommen, müssen mit Maßen gelehrt und geübt werden, damit kein kopfhängerisches Wesen herauskomme. Was damals galt, was auch jetzt für Einzelne gilt und gelten mag, gilt nicht für alle Zeit und alle

Leut, Matth. 16, 24—26; Röm. 12; 2 Cor. 6; Eph. 4; Col. 3; Tit. 2; 1 Petr. 2, 21; 1 Joh. 2 ꝛc.

Das ist nun in einigen Beispielen der Unterschied zwischen der berechtigten und geduldeten Lehre, und so ist es mehr und weniger in allen Lehren des zweiten und dritten Artikels des christlichen Glaubensbekenntnisses. Kurz der Unglaube setzt nicht viel auf den Glauben, ihm ist Jud und Christ einerlei, wenn er nur bei seinem Glauben ein rechtschaffener Mann ist. Sein Wahlspruch heißt: Wer Gott fürchtet und recht thut, der ist ihm angenehm, Apostelg. 10, 34, 35, nur übersieht er dabei, daß dieser nämliche Kornelius, von dem das gesagt ist, noch zum zweiten und dritten Artikel des christlichen Glaubensbekenntnisses geführt werden mußte, Apostelg. 10, 34—48. Der Hauptgrund von Allem liegt aber tief im menschlichen Herzen, er liegt in der eigenen Gerechtigkeit, im Stolz des menschlichen Herzen, er liegt in der Feindschaft gegen Christum, und in der Sünde des Menschen. Da heißt es bewußt oder unbewußt: Wir wollen nicht, daß dieser über uns herrsche, Luc. 19, 14. Die Vernunft will sich nicht unter den Gehorsam des Glaubens, das Fleisch nicht in die Wege des Todes geben. Daher der große Kampf; daher auch der große Kampf selbst bei denen, die da wollen, bis Gottes Werk in ihnen vollbracht ist; daher größtentheils das Verlangen nach Berechtigung aller Richtungen. Was kein Fürst in seinem Lande sich gefallen lassen würde, Berechtigung für alle Richtungen, auch für die geduldete von den Jahren 1848 und 1849 und Redefreiheit und Sitz und Stimme in allen Ministerien, das soll sich der liebe Gott gefallen lassen in seiner Kirche und in seinem Reiche.

Welches werden nun aber voraussichtlich die nächsten Früchte solcher Berechtigung sein? Viele hoffen davon, wie einst in Frankreich, das goldene Zeitalter, aber es kam von allem das gerade Gegentheil. Was der Aberglaube nicht verdorben hatte, das verdarb vollends der Unglaube. Die Kirchen wurden leer; die Sonntage wurden mit Tanz und Spiel, mit Vereinen und Festen und mit allerlei weltlicher Lust zugebracht, das Wort Gottes wurde vernachlässigt, und es entstanden nur zu bald jene Früchte, die überall entstehen, wenn der Herzensacker eines Volks nimmermehr gebaut und mit guter Saat eingesäet wird. Das Sittenverderbniß nahm zu und damit die Armuth, und mit der Armuth die Unzufriedenheit. Die Obrigkeiten klagten gegen die Unterthanen und die Unterthanen gegen die Obrigkeiten, und Keiner kannte den lezten Grund.

Wird der Unglaube heute bessere Früchte tragen, wird er nicht auch bei uns, wie dort Kirche und Staat dem Verderben entgegen führen? Wird er steuern der Eitelkeit, der Kleiderpracht, der Habsucht und Genußsucht, dem Wirthshaus und anderm üppigen Leben, welches den Hausstand zerstört und Armuth und Elend und Zank und Streit in die Familien und Unzufriedenheit ins Land bringt? Wohl wird er auch dagegen auftreten, grob wird auch er es nicht getrieben haben wollen, doch auch nicht zu sehr beschränkt. Allein wenn das Haus im untern Stock brennt, wer will es wehren, daß es nicht auch in den zweiten kommt? Mit aller menschlichen Weisheit und mit allem Vorhalten des Gesetzes und der Schönheit der Tugend wird und kann hier nicht geholfen werden, und nach trauriger Erfahrung wird man endlich zurück und zur Ueberzeugung kommen, daß nur das Evangelium von Christo, von Christo dem Gekreuzigten die einzige Kraft ist, die da selig macht Alle, die daran glauben; man wird wieder zum zweiten und dritten Artikel und zum alten einfachen Glauben an denselben zurückkommen müssen.

Es wird zwar vorerst nicht so weit kommen, wie seiner Zeit in Frankreich; jene groben Früchte des Unglaubens werden nicht alsbald zu Tage kommen, wie dort, aber er birgt sie alle in sich, und je länger, je mehr wird er sie offenbaren.

Wenn es aber auch nicht alsbald zum Aeußersten kommt, was gewiß Niemand will, so werden doch auch jetzt schon allerlei Früchte aus solcher Berechtigung hervorgehen.

Fürs erste wird es Verwirrung in der Kirche geben, keine Kirche wird mehr mit der andern einig sein, jeder Ort wird seine besondere Lehre, und seinen besondern Glauben haben, je nach dem Glauben und Fortschritt des Predigers, und die Gemeinden werden jedem Winde der Lehre ausgesetzt sein. Wir werden wohl Kirchlein, aber keine Kirche mehr haben.

Fürs zweite werden die Kirchen leer werden, denn wenn die Geheimnisse Gottes nimmer zum Trost und zur Stärkung verkündiget werden — und wenn man das wollte, brauchte man keine besondere Berechtigung, denn dafür hat man sie — so wird das Volk wenig Zug mehr fühlen, Glaubenslose Predigten zu hören. Das Gesetz, und wenn es in allen Variationen und mit allem Schmuck menschlicher Beredsamkeit gepredigt wird, weiß und kennt ja Jedermann, selbst der Dieb, darum stiehlt er bei Nacht; und Kraft zu einem neuen Leben kann es nicht geben, Gal. 3, 21. Die Kirchen werden daher je mehr und mehr leer, und vielleicht die Wirthshäuser voller werden. Zu allem dem aber wird Uneinigkeit und Streit in den Gemeinden entstehen, denn da die h. Schrift in Jedermanns Händen ist, kann man die Gemeinden nicht gleich so blind und todt machen, daß sie Alles für baare Münze annehmen, oder daß man über sie herrschen kann, wie über die Todten auf einem Kirchhof. Es wird also Widerspruch und Streit entstehen. Am meisten aber werden sich diejenigen den neuen Lehren des Unglaubens entgegensetzen, welche von der Wahrheit des Evangeliums überzeugt sind, und die Kraft desselben am Herzen erfahren haben. Es wird daher nichts als Uneinigkeit und Trennung, nichts als Partheiung und Spaltung in die Gemeinden kommen und besonders zwischen denen entstehen, die dem Fortschritt huldigen, und denen, die bei der h. Schrift und der Lehre ihrer Vorfahren und Väter, bei der Lehre der Reformatoren bleiben wollen. Dadurch werden je mehr und mehr Konventikel und Stunden entstehen, und von denen, die ein Bedürfniß haben, es in der Kirche aber nicht befriedigt finden, besucht werden; und diese Konventikel werden nicht im Einklang mit der Kirche stehen, wie es sein sollte, sondern im Widerspruch mit derselben. Daraus werden allerlei Reibungen und Klagen kommen, wovon der Staat nicht unberührt bleiben kann. Und sollten noch Bücher verändert und der Unglaube auch da eingeschmuggelt und überdies noch Gewalt angewendet werden, so kann es auch zu Separation und Austritten und großer Aufregung im Lande kommen.

Den größten Kampf aber wird es geben mit und unter der Geistlichkeit selbst. Die berechtigte Lehre wird die gebuhlte, die gebuhlte die berechtigte angreifen. Wie viel Aufreizung und welchen langen Kampf wird es da geben, bis eine Parthei die andere besiegt hat oder über sie Herr wird. Denn wir haben keinen Pabst, der vom Stuhl herab einen Machtspruch thut, wobei es dann bleiben und Jeder glauben muß, was entschieden und befohlen ist. Auch die katholische Kirche wird mit in den Streit hineingezogen werden, denn so gerne sie auch die Spaltungen und Partheiungen in der evangelischen Kirche sieht, in Hoffnung der Rückkehr in eigenen Schoos; so kann sie doch dem Kampfe nicht ferne bleiben, da der Unglaube das allgemein christliche oder apostolische Glaubensbekenntniß angreift, an dem sie so festhält, als die berechtigte evangelische Kirche; ja sie kann dem Kampf um so weniger ferne bleiben, da sie den Kampf in ihren eigenen Mauern erhalten wird; denn auch bei ihr fängt man an, nimmermehr Alles dem Urtheile des Pabstes und der Kirche anheimzustellen, sondern selbst zu prüfen und seine eigenen Wege zu gehen. So wird also das ganze Land zerrissen und in diesen Streit hineingezogen werden. Und was sollte es werden, wenn bei solcher Zerrissenheit noch ein Krieg entstünde?

Und welches wird dann wohl auch der muthmaßliche Ausgang dieses Streites sein? Wird Glaube oder Aberglaube oder Unglaube siegen? Je nachdem wir in einer Zeit leben; ist es die lezte Zeit, wozu viele Anzeichen sind, so wird der Unglaube siegen und zu Macht kommen; er wird aus einer Kleinmacht eine Großmacht werden, Röm. 11, 32, Gal. 3, 22. Wie der Aberglaube Jahrhunderte eine Großmacht war, so wird auch der Unglaube eine Großmacht werden. Von langer Dauer wird er freilich nicht sein, da kein Mensch sich lange im Unglauben halten kann. Verheerungen und Verderben wird er indessen genug anrichten. Der Hauptfehler des Unglaubens ist der, daß er glaubt, man könne ein Christ und ein rechtschaffener Mann sein, ob man einen oder keinen, ob man diesen oder jenen Glauben habe, und es sei nur Sektirerei und Partheisache, daß man so sehr auf einen bestimmten Glauben, besonders auf den Glauben an unsern Herrn Jesum Christum, den ewigen Sohn Gottes, bringe, es geschehe dies nur aus Herrschsucht über die Gewissen. Der Glaube aber ist noth, unumgänglich noth. In Frankreich, wo man Gott und allen Glauben abgeschafft hatte, mußten die revolutionärsten Häupter doch endlich erkennen, daß man ohne Religion und ohne den Glauben nicht regieren könne; darum beschlossen sie wieder feierlich, es gebe einen Gott und eine Unsterblichkeit der Seele. Ungerechtigkeit und Sittenverderbniß und damit Armuth und Unzufriedenheit nimmt in einem Lande immer mehr überhand, wo man sich und das Volk los macht von dem allgemeinen christlichen Glaubensbekenntniß. Der Glaube an alle drei Artikel ist nothwendig zu einem wahren christlichen Leben; jedes Losmachen ist verderblich.

Die entscheidende Frage im ganzen Streit wird wohl die sein: Was wird erfordert, daß der Mensch zu der Seligkeit und Herrlichkeit gelange, wozu er von Gott verordnet ist? Ist es genug, daß er ein religiös sittlicher Mensch ist, und nach bestem Wissen und Gewissen handelt, — wiewohl es auch daran schon fehlen wird — oder ist es nicht genug? Ist es genug, dann ist jeder Glaube eines Menschen recht, der ihn dazu führt, es sei dieser oder jener; ist dies aber nicht genug, wie wir dies bei dem reichen Jüngling, Matth. 19, 20—22, bei dem frommen Juden Nikodemus, Joh. 3, bei dem gottesfürchtigen Heiden Kornelius, Apostelg. 10, und auch bei dem gerechten Pharisäer Saulus sehen, Phil. 3, 4—6; wird erfordert, daß der Mensch wiedergeboren werde, und dies nicht blos aus Wasser, sondern auch aus Geist, nicht blos durch die Taufe, und wenn auch, doch so, daß der Saame von der Sonne erwärmt, auch aufgehe und wachse, und nicht ersticke und erstrebe, daß das Holz vom Feuer entzündet, auch brenne, und nicht todt liegen bleibe; wird erfordert, daß etwas ganz Neues ins Herz komme, neues Licht, neues Leben, beides aus Gott, daß die Liebe Gottes durch den h. Geist sich ausgieße ins Herz; wird erfordert, daß der Mensch nicht nur religiös sittlich sei und lebe, sondern daß er heilig sei, wie Gott, vollkommen sei, wie Gott, 1 Petr., 15, Matth. 3, 48, daß der Acker des menschlichen Herzens nicht blos Gras trage, das beste, was er aus sich geben kann. sondern Korn, was ihm zuerst gegeben werden muß; so ist der Glaube an den dreieinigen Gott, wie er in dem allgemeinen christlichen Glaubensbekenntniß ausgesprochen ist, unumgänglich nöthig; es ist nöthig der Glaube an Gott, daß er heilig und gerecht sei, damit man zur Buße; daß er in Christo Vater sei, damit man zum Glauben komme; es ist besonders nöthig der Glaube an unsern Herrn Jesum Christum, da er es ist, der aus Auftrag des Vaters die Menschheit, das verlorne Glied der Schöpfung gesucht, in sich erlöst und neu hergestellt hat, und nun durch den h. Geist Alle die frei macht und neu herstellt, die durch den Glauben mit ihm vereinigt, Glieder an seinem Leibe geworden sind, und der sie auch Alle, wenn er sie neu hergestellt hat, dem Vater einst vorführen und sprechen wird: Hier sind sie wieder, die Kinder, die du mir gegeben hast; und sich dann mit ihnen dem Vater zur ewigen Regierung übergeben und Gott Alles in Allem sein wird. Zu dieser Erneuerung und Herrlichkeit führt kein Aberglaube und kein Unglaube, dahin führt nur der Glaube durch die Kraft des h. Geistes. Der Aberglaube hat es versucht und nicht zu Stande gebracht, oder nur in so weit, und bei solchen Seelen, die noch im Glauben standen, oder aus demselben geschöpft haben; der Unglaube wird es auch versuchen, und wird es nicht zu Stande bringen, er wird es nicht zu Stande bringen, wenn er auch gleich zum Siege kommt und eine Großmacht wird.

Zum Siege wird er aber kommen, wenn nicht jetzt und alsbald, doch zu seiner Zeit, denn es werden ihm große Kräfte zu Gebot stehen. Ihm werden dienen viele Weise und Gelehrte auf Erden, denn da sie über den Aberglauben hinausgewachsen sind, sich aber unter Christum nicht demüthigen wollen, so werden sie dem Unglauben zufallen und dienen. Mit den Waffen menschlicher Wissenschaft und Weisheit werden sie sich und Andere da hinein stürzen und darin zu erhalten suchen. Den Hohen und Großen werden sie schmeicheln, den Niedern mit Koth bewerfen. Alle Kräfte und Mittel werden sie anwenden, um ihren Zweck und ihr Ziel zu erreichen. Von ihnen sagt David: Ihre Person brüstet sich, wie ein fetter Wanst, sie thun, was sie nur gedenken, sie vernichten Alles und reden übel davon; und lästern hoch her. Was sie reden, das muß vom Himmel herab geredet sein, und was sie sagen, das muß gelten auf Erden; darum fällt ihnen ihr Pöbel zu mit Haufen wie Wasser; und sprechen: Was sollte Gott nach jenen fragen, was sollte der Höchste ihrer achten, Ps. 73.

Er wird siegen der Unglaube zur lezten Zeit und ein Reich gründen und eine Großmacht werden, denn auch die Großen der Erde werden, bezaubert von der falsch berühmten Kunst ihrer Weisen und Wahrsagern, dem Unglauben vor dem Glauben ihre Zustimmung geben, und selbst helfen den Ast absägen, auf dem sie sitzen.

Er wird siegen der Unglaube, denn das durch denselben herbeigeführte Verderben und die Noth und Armuth wird viel unzufriedene Leute machen, die alles Unheil von Fürsten und Pfaffen herleiten, und sich dann den Freiheitsaposteln und ihrem Unglauben in die Hände werfen.

Er wird siegen der Unglaube und eine Großmacht werden und ein Reich gründen, denn ihm wird viele in Schulen verführte und leichtsinnige Jugend zujauchzen, wie in Frankreich, von denen aber Viele in Gefängnissen und unter dem Fallbeil zu Verstande kamen. Viel Volks wird auch mitlaufen und wie dort zu Ephesus mitschreien: Groß ist die Diana der Epheser, ohne zu wissen, worum es sich eigentlich handelt. Schreien doch jezt schon Viele: Wir lassen uns unsern väterlichen Glauben nicht nehmen, den wir von unsern Eltern und Voreltern und den Reformatoren empfangen haben, und stehen doch mitten im Unglauben. Andere schreien: Wir lassen uns nicht katholisch, und Andere: Wir lassen uns nicht lutherisch machen, und Keiner weiß, was katholisch oder lutherisch ist.

Wir lassen uns nicht katholisch machen, schreien die Einen und sind im innersten Grunde ihres Herzens katholisch. Zwar unter das Ceremonialgesetz, unter das Kniebeugen und Knien, Beichten, Kreuzmachen und dergleichen lassen sie sich nicht stellen; denn das halten sie für katholisch; dagegen unter das Moralgesetz oder unter dem Worte: Du sollst, stehen sie wie jene. Es giebt wenige Menschen, auch in der evangelischen Kirche, die wahrhaft evangelisch sind, oder die geleitet und geführet werden bei allem ihrem Thun und Handeln, oder bei allen ihren Werken von jener Liebe, die Christum vom Himmel zur Erde und von der Erde ans Kreuz geführt und daran erhalten hat; von jener Liebe, die man die christliche nennt, weil sie im Glauben von Christo an seinem Kreuz geholt, und durch den h. Geist in die Herzen ausgegossen wird; von jener Liebe, die der Apostel eine Gabe des h. Geistes nennt, und von welcher er sagt, daß aller Glaube, und wenn er Berge versetzte, und alle Werke, und wenn man Hab und Gut den Armen gäbe, und seinen Leib brennen ließe, nichts seien und nützen ohne diese Liebe. Es giebt wenige Menschen, die wie Paulus sagen können: Die Liebe Christi bringet uns also, 2 Cor. 5, 14. Das sind die wahrhaft evangelische Leute, und die sind fortgeschritten vom alten ins neue Testament, vom Gesetz zum Evangelium, von dem Geiste der Knechtschaft zum Geiste der Kindschaft und Freiheit. Fortschreiten in Erkenntniß dieser heiligen Liebe Gottes und Jesu Christi am Kreuze, fortschreiten in der Gnade und Kraft dieser Liebe im Herzen und Leben, das sind die rechten Fortschritte im Christenthum, Joh. 17, 3. Im Gegentheil gar Viele von denen, die da schreien: katholisch lassen wir uns nicht machen, sind oft nicht nur katholisch, sondern mehr als diese Feinde des Evangeliums, und tragen den Namen evangelisch ganz umsonst. Wenn sie nun auch nicht äußerlich katholisch sind, indem sie von allen den äußerlichen Ceremonien, Gebräuchen und Gesetzen nichts wollen, so sind sie es doch innerlich, indem sie nicht vom Evangelium und der Gnade, sondern ganz vom Gesetz geleitet und geführet werden, und Alles, was sie thun, im besten Fall nur darum thun, entweder um dadurch selig oder doch der Seligkeit werth und würdig zu werden. Beiden, sowohl denen mit dem Ceremonial- und Moralgesetz, als denen mit dem Moralgesetz allein gilt, was der Apostel Paulus sagt: Ihr habt Christum verloren, die ihr durch das Gesetz gerecht werden wollt, und seid von der Gnade gefallen, Gal. 5, 4.

Und wie diese schreien: Wir lassen uns nicht katholisch machen; so schreien Andere: Wir lassen uns nicht lutherisch machen, und meinen auch, das Lutherische bestehe nur darin, daß man diese äußerliche Ceremonien und Gebräuche nicht habe und dagegen protestire. Die Unkenntniß der Wahrheit im Volk ist größer, als man gewöhnlich glaubt, und wenn nur beim Volk! Dies benutzen denn die Freiheitsapostel und werden es besonders in lezter Zeit benutzen, um ihren Unglauben und sein Reich aufzurichten.

Er wird siegen der Unglaube und ein Reich errichten, und eine Großmacht werden, denn zu den vielen Vereinen, die jezt schon bestehen, werden noch andere kommen, oder aus denselben hervorgehen, die alles Unheil und Verderben von den Hindernissen herleiten, die man von Seiten der Religion der Freiheit und dem Fortschritt in Weg lege, und solche Vereine werden mit aller Macht und Kraft und in männlich protestantischem Geiste solcher Volksverdummung entgegenarbeiten und sich bemühen, das Licht der Aufklärung auch in das Volk zu bringen, und seinen Geist zu heben. Bald werden aber auch diese von Andern sich überholt sehen, und als Reaktionäre verschrieen werden, die auf halbem Weg stehen bleiben, und das Volk nicht zur vollen Freiheit gelangen lassen wollen. So wirds im Fortschreiten fortgehen, bis wir zur vollen Freiheit und Gleichheit kommen, wohin auch Frankreich mit seinen Vereinen und Klubs zu seiner Zeit kam.

Und hat er einmal gesiegt der Unglaube, und eine Macht erlangt, so wird sich das Haupt schon finden, das sich zulezt an seine Spitze stellt, das Thier aus dem Abgrund, und wird aufrichten das lezte große Reich, das antichristliche Reich. Jezt wird erst die lezte große Noth angehen, denn nicht mehr mit Spott und Hohn, nein mit blutiger Waffe wird jezt gekämpft werden wider Alles, was entgegensteht, oder was an Christo und am Glauben hält. Aberglaube und Glaube, beide werden mit blutiger Waffe bekämpft werden. Da wird es wieder Emigranten geben, die Bergungsorte suchen, wie einst in Frankreich. Auch der erste Artikel des christlichen Glaubensbekenntnisses wird noch fallen, wie dort in Frankreich, und das Thier sich selbst als Gott aufwerfen und Anbetung verlangen, 2 Thess. 2. Wer ihm widerstehen wollte, würde diese Sünde auf dem Schaffott oder unter dem Fallbeil büßen müssen. Kein Fürst wird ihm mehr Einhalt thun können, denn wenn ihm auch nicht das traurige Loos des unglücklichen Königs von Frankreich zu Theil würde, so würde er unter der neuen Erfindung des allgemeinen Stimmrechts Land und Leute verlieren. Darum ruft auch ein Fürst und König den Fürsten und Königen auf Erden zu: So laßt euch nun weisen, ihr Könige, und laßt euch züchtigen, ihr Richter auf Erden. Dienet dem Herrn mit Furcht und freuet euch mit Zittern, küsset den Sohn, daß er nicht zürne, und ihr umkommt auf dem Wege, denn sein Zorn wird bald anbrennen. Aber wohl Allen, die auf ihn trauen, Ps. 2. Zulezt wird das Thier seine eigenen Kinder fressen. Seine Wuth wird um so größer sein, da es kurze Zeit hat und manchen Widerstand finden wird. Wie Mancher, der diesem Geist die Thüre hat helfen aufthun, wird es jezt zu spät bereuen, wie Mancher, der ihm zugejubelt hat, wird es jezt mit bittern Thränen beweinen müssen. Das sind die Zeiten der lezten großen Noth, wovon uns die h. Schrift berichtet, Matth. 24.

Können denn diese Zeiten nicht abgehalten werden? Aufgehalten wohl, aber nicht abgehalten, der sie gesehen hat, hat sie uns geweissaget, Matth. 24; 2 Thess. 2; 2 Petr. 2; Offenb. 13. Wie aber aufgehalten? Wem sein, der Kirche und des Staates Wohl am Herzen liegt, der ziehe die Waffenrüstung Gottes an und kämpfe den Kampf des Glaubens mit den Waffen der Gerechtigkeit zur Rechten und zur Linken. Voran die Geistlichen, die im Glauben stehen, und ihnen nach das gläubige Volk, mit ihnen auch die Hohen und Großen, denen ihr, der Kirche und des Staates Wohl am Herzen liegt. Und die Könige sollen deine Pfleger und die Fürsten deine Säugammen sein, Is. 49, 23. Man lasse sich nur nicht bestechen durch die Schmeicheleien des Unglaubens. Wer heute Hosianna ruft, schreit morgen Kreuzige ihn. Auch der unglückliche König von Frankreich mußte das erfahren. Lieber unpopulär und wahr sein, als populär und unwahr. Recht muß doch Recht bleiben, und dem werden alle frommen Herzen zufallen, Ps. 94, 15.

Wie aber sollen die Großen wehren? Mit Gewalt nicht; große Kinder, gezogen oder ungezogen, lassen sich nicht einsperren, wie kleine. Man gebe Freiheit, sorge aber gegen Mißbrauch und lenke die Freiheit in die rechte Bahn zum Guten, Gal. 5, 13.

Das erste Mittel aber zum Aufenthalt ist Rückkehr zu Gottes Wort, Rückkehr zum allgemeinen christlichen Glaubensbekenntniß und zum rechten Heilsweg. Was Aberglaube und Unglaube wirkt und gewirkt hat, haben wir im Großen und Kleinen gesehen. Man mache nur keine neue und theure Experimente. Reines Wort und kein Gemengsel von Glauben und Aberglauben, und Wandel in der Wahrheit. Der verderbte Hof von Frankreich hat viel zum Sittenverderbniß und zum Sturz des Staates beigetragen. Nach der Hof- und Kirchenuhr werden die Hausuhren gerichtet.

Das zweite Mittel wären dann gute Schulen, wo Kopf und Herz gleich ausgebildet würden. Ein verständiges und religiöses Volk ist auch ein ruhiges und gesegnetes Volk. Der Staat kümmere sich darum, wie jeder Vater, der seinen Kindern einen Lehrer oder Hofmeister giebt. Er muß hernach mit ihnen hausen und leben.

Wird dies Alles so werden? Wir bezweifeln es; darum werden auch jene lezten Zeiten kommen. Wie der Aberglaube seine Machtzeit und sein Haupt, das große Horn als Haupt hatte, so wird auch der Unglaube seine Machtzeit und sein Haupt, das kleine Horn zum Haupt bekommen, und viel Blut vergießen, so kurz seine Dauer auch sein wird.

Wer wird aber dieses Thier aus dem Abgrund zulezt wieder einfangen? Kein Mensch auf Erden wird es vermögen, der Herr selbst, das Horn des Heils wird es thun, er wird es einfangen, und mit dem falschen Propheten, der die Zeichen vor ihm that und die Leute verführte, in den feurigen Pfuhl werfen, der mit Feuer und Schwefel brennt, Offenb. 19, 20, und wird dann sein Reich, das lezte große Friedensreich auf Erden aufrichten, das da ewiglich bleibet. Amen, es geschehe also!

Inhaltsanzeige.

Einleitung.
Was ist Glaube?

Das Was, besonders des Glaubens an Christum 1
Das Wie desselben, evangelischer Heilsweg 3
Wahrer Glaube ist nicht Menschen, sondern Gottes Werk 5
Das Was und Wie des Glaubens in dem Gleichnisse eines Ackers . . . 6

Was ist Aberglaube?

Das Was, mit dem Glauben gleich 7
Das Wie verschieden, gesetzlicher Heilsweg 8
Unterschied zwischen Glauben und Aberglauben in Beispielen 9
Kraftlosigkeit des Aberglaubens 10
Sein erster Fehler, keine Buße vor Gott 11
Unterschied zwischen Glauben und Aberglauben im Gleichnisse eines Baues . . 12

Was ist Unglaube?

Das Was, besonders in der Lehre von Christo; das Wie desselben 16
Urtheil des Apostel Paulus über Glauben, Aberglauben und Unglauben . 18. 19. 20
Wie kommt man zum Glauben? Die drei Stiegen 21
Die Geheimnisse Gottes, deren Predigt und des Menschen Thun . . . 24
Die Kirche und das Volk, des Glaubens, Aberglaubens und Unglaubens . . 27
Die Kämpfe des Glaubens mit dem Aberglauben der Juden, mit dem Aberglau-
  ben der Heiden mit dem christlichen Aberglauben, gesetzlicher Heilsweg 29. 30. 31
Verwandlungslehre, Auseinandersetzung derselben und des h. Abendmahles 33—36
Hoheit der Priester, ihr Hauptfest; die unfehlbare Kirche 37. 38. 39
Sieg durch die Reformation in Deutschland 40
Der Unglaube die Zuchtruthe des Aberglaubens 41
Sein Sitz in Frankreich und die Verbreitung von da aus 42
Sein Bestreben Eingang und Berechtigung in evangelischen Ländern zu erhalten 43. 44
Die Mittel dazu 45
Unterschied zwischen berechtigter und geduldeter Lehre, nebst Folgen . 47. 48. 49
Endlicher Sieg des Unglaubens, Grund und Ursache 51. 52. 53
Sein Haupt 55
Das Aufhalten seines Kommens 56
Das Reich Gottes 57